明代宣德御窑瓷器

景德镇御窑遗址出土与故宫博物院藏传世瓷器对比

故宫博物院 景德镇市陶瓷考古研究所 编

故宫出版社

Imperial Porcelains from the Reign of Xuande in the Ming Dynasty

A Comparison of Porcelains from the Imperial Kiln Site at Jingdezhen and the Imperial Collection of the Palace Museum

Compiled by the Palace Museum and the Archaeological Research Institute of Ceramic in Jingdezhen

The Forbidden City Publishing House

目 录

Contents

序一

无论是明代的御器厂，还是清代的御窑厂，都是皇家在景德镇的派出机构，专门负责烧造御用瓷器。作为内务府的生产作坊和生产管理机构之一，御器（窑）厂不仅和宫廷有着特殊的关系，在大范畴内甚至可以说是宫廷的有机组成部门。正是出于这一历史原因，故宫博物院与景德镇市政府签订了战略合作协议，致力于从景德镇历代瓷业遗存的考古发掘、遗址的规划与保护、瓷器修复与研究，到优秀文化遗产展示与传承等多方面进行合作。力争在提升文物保护和研究水平的同时，也借助故宫博物院的展场优势与信息平台把景德镇御窑代表的中国古代优秀文化遗产更多地展示给世人。故宫博物院已经参加的景德镇御窑遗址的考古发掘工作和此次联合举办的"明代御窑瓷器：景德镇御窑遗址出土与故宫博物院藏传世洪武永乐宣德瓷器对比展"，正是我们双方合作与努力的开始。

在明清时期宫廷是御用瓷器唯一合法的使用地，当时御器（窑）厂烧造的所有御用瓷器的合格品都被源源不断地送进皇宫。至今故宫博物院仍然是明代御用瓷器最主要的收藏机构。御器（窑）厂作为御用瓷器的生产基地，一直由内务府直接管理，明清两代的帝王也经常直接过问御用瓷器的生产与管理事务，从瓷器的类别、造型、纹样到生产数量都由内府决定，御器（窑）厂只是照样生产而已。但是，从图样到产品，从想法到实施，直至精美的瓷器被进贡到宫廷内，无一不是通过宫廷与景德镇窑厂、皇帝（决策者）与督陶官和匠人的多次互动实现。御器（窑）厂在接受生产命令的同时，还承担着研发、创新的使命。为保证送进宫廷的产品能得到认可并顺利完成任务，御器（窑）厂也肩负对产品挑选验收的职责。洪熙元年，宣德皇帝建御器厂于饶州府城月波门内，派出太监专管御器厂，职掌验收御器厂烧造的瓷器并进贡。出于对御用瓷器的垄断，在明代大量挑选后的落选品和残次品都被集中处理，并被成坑或成片掩埋在窑厂内。20世纪80年代以来，配合景德镇市政工程建设，经多次考古发掘获得了数以亿计的御用瓷器碎片。这些瓷片多成坑、成片出土，既佐证明代宫廷对御用瓷器的垄断，提供了文献阙载的对落选品处理制度的新资料，也为拼对、复原提供了极大的便利，从而得到了大量的从洪武至万历时期御用瓷器。

通过对比传世明代御用瓷器和景德镇御窑遗址出土标本，研究者发现既有传世品与窑址出土标本完全相同者，也有仅见于传世品或窑址出土标本者，更有造型相同而釉色和纹样不同者，或是同样的纹样见于不同釉色、不同器类上者，甚至是同样的造型、纹样同见于饶州景德镇、处州龙泉、磁州彭城镇等不同窑场的产品。这些发掘与研究成果不仅全面地展示了御窑生产的面貌，也使得学术界对明代御窑的认识越来越接近历史真实，同时从深层的技术意义方面揭示了御器厂的设立与御用瓷器的生产为整个景德镇地区乃至全国瓷器生产带来的引领与促进作用，以及景德镇能够成为瓷都的历史原因。此次双方联合举办"明代御窑瓷器：景德镇御窑遗址出土与故宫博物院藏传世洪武永乐宣德瓷器对比展"，目的就是向社会展示御窑瓷器的总体面貌，介绍以御窑瓷器生产为代表的祖国优秀文化遗产。

这次展览虽然只是故宫博物院与景德镇市政府合作系列展览与展示宣传的开始，但却是从生产地到使用地、从御器厂到紫禁城、从试烧品与落选品到合格品的历史再聚首。据我了解，意图通过馆藏明代御用瓷器与景德镇御窑遗址出土标本举办系列对比展，连续不断地介绍从洪武到万历时期御窑瓷器与御窑历史的，只有故宫博物院与景德镇市陶瓷考古研究所两家联合才能胜任。在预祝展览成功的同时，更期待双方合作能取得更大的成果，从而完成历史与时代赋予故宫博物院与景德镇市政府、赋予故宫人与景德镇人的弘扬和宣传优秀瓷业文化遗产的责任！

故宫博物院院长

Preface I

Both of the imperial kilns of the Ming and Qing dynasties were institutes authorized by the imperial court at Jingdezhen, in charge of the production of porcelain for imperial use. As a manufacturing and administrating institute attached to the Imperial Household Department, the imperial kiln did not only have special ties with the imperial court, but also existed as an integral part of the Forbidden City. Given such a historical setting, the Palace Museum signed the strategic cooperation contract with the Jingdezhen government, aiming to work together on various aspects, ranging from the archaeological excavation of the kiln sites of the past dynasties at Jingdezhen, the plan and conservation of the heritage sites, the restoration and study of the porcelain, to the exhibition and continuous study of cultural heritage. The cooperation attempts not only to improve the conservation and study of the cultural relics, but also to exhibit the imperial kiln sites of Jingdezhen as a representative of the excellent cultural heritage of China through the well equipped exhibition hall and information platform of the Palace Museum. The cooperation has started with the excavation at the imperial kiln sites at Jingdezhen, and the exhibition with the theme of the juxtaposition of excavated porcelains from the imperial kiln sites at Jingdezhen and the transmitted imperial porcelains dated to the Hongwu, Yongle and Xuande period.

The Ming and Qing imperial court was the only legitimate place for the use of imperial porcelains. Therefore, the qualified imperial porcelains produced from the imperial kiln were continuously transported to the imperial court during these periods. Until today, the Palace Museum is still the institute that possesses the major collection of Ming imperial porcelains. As the main production site of the imperial porcelains, the imperial kiln had been always under the supervision of the Imperial Household Department. It was also very often that the Ming and Qing emperors intervened in imperial porcelain production and kiln management in person. From the type, the shape and the pattern of the porcelain, the Imperial Household made decisions directly. The imperial kiln followed these instructions strictly. However, from the design of pattern to the completion of the fine porcelains which were finally provided to the imperial court, a lot of negotiation among the imperial court, the imperial kiln, the emperor as the decision maker, the supervisor of porcelain production and the craftsmen was involved. The imperial kiln also carried the responsibility to conduct research and innovate while taking orders from the imperial court. To guatantee the quality of the porcelains supplied to the imperial court, the imperial kiln was also responsible for selecting and inspecting the products. In the first year of the Hongxi reign, the Xuande emperor established the imperial kiln inside the Yuebo Gate of the Raozhou County, appointing eunuchs as special inspectors for the imperial kiln, who were in charge of the quality control of the porcelains for imperial use. In the Ming dynasty, flawed and unsatisfying porcelains were disposed and buried together at the imperial kiln site after strict selecting process, ensuring the monopoly of imperial porcelain production and usage. Since the 1980s, several hundreds of millions imperial porcelain pieces had been found during the archaeological excavations in cooperation with the urban developing construction at Jingdezhen. Such porcelain pieces were usually unearthed clustering in pits or fields, proving the monopoly of imperial porcelains by the Ming court and providing further information on the disposal of flawed products as recorded in the literature. Such a discovery also facilitates the restoration of porcelains, contributing to the collection of large number of imperial porcelains from the Hongwu to the Wanli reign.

Through comparing transmitted Ming imperial porcelains and samples from the imperial kiln sites at Jingdezhen, scholars found that some transmitted porcelains are exactly the same as those excavated samples, while some transmitted ones and excavated samples are unqiue. There are also cases that they overlap in the shapes, but are different in glaze and patterns. In addition, same patterns are found on porcelains with different glaze and shapes. Moreover, same shapes and patterns are seen on products such as different kilns from Jingdezhen at Raozhou, Longquan at Chuzhou and Pengcheng at Cizhou. Such excavation and study not only provide a full view of the production at the imperial kiln, but also bring the scholars closer to the reality of the history. At the same time, the significance of the establishment of the imperial kiln and the production of the imperial porcelain is revealed insightfully from the technological perspective, prospering the production of porcelain in the area of Jingdezhen and the whole country. Consequently, the historical reason of Jingdezhen serving as the capital of porcelain is revealed. The cooperated exhibition on the juxtaposition of excavated porcelains from the imperial kiln sites at Jingdezhen and the transmitted imperial porcelains dated to the Hongwu, Yongle and Xuande period aims to exhibit porcelains from the imperial kiln to the public comprehensively and to introduce the production of imperial porcelains as a representative of the excellent cultural heritage of China.

Though this exhibition is only the beginning of a series of exhibition organized by the Palace Museum and the Government of Jingdezhen, it reunites the different stages involved in the production and use of the imperial porcelains, from the imperial kiln—the place of production to the Forbidden City—the place of usage, from the products at the experimental stage and the unsatisfying products to the qualified products. As far as I know, only the cooperation between the Palace Museum and the Archaeological Research Institute of Ceramic in Jingdezhen can lead to the success of the exhibition to juxtapose the Ming imperial porcelains in museum collection and the excavated porcelains from the imperial kiln at Jingdezhen and to introduce the history of the imperial kiln consecutively from the Hongwu to the Wanli period. I hope the exhibition be a great success. In addition, I hope the cooperation between the two institutes will obtain great achievement to fulfil the historical responsibility of the Palace Museum and the Government of Jingdezhen in developing and transmitting the excellent cultural heritage of porcelain production.

Shan Jixiang
Director of the Palace Museum

序二

从宋代我国官窑制度建立以来，瓷器便作为御用贡品成了皇帝的清玩和专用器具大量进入宫廷。这些瓷器现在已被人们视为拱璧，收藏在世界各大博物馆和收藏家的手中，故宫博物院的收藏堪称世界之最，而这些收藏品中又以景德镇明清官窑瓷器量最多而优。这些精美的瓷器不仅具有巨大的经济价值，而且是研究中国陶瓷史、工艺美术史、文化艺术史、科技史以及宫廷文化史的重要实物资料，是名副其实的人间瑰宝！众所周知，这些人间瑰宝却是出自距京城数千里之外的一个偏僻小镇——景德镇的明清御窑厂。

明洪武二年（1369 年）朱元璋在元代浮梁磁局的基础上设置官窑开始烧造瓷器，至 1911 年清政权覆亡、御窑厂停烧，五百多年间御窑厂烧造了数以万件的官窑瓷器。这些精美瓷器当时大多已上贡给朝廷，而一些残次品和多余品则被抛弃掩埋在御窑厂内，不为世人所知。20 世纪 80 年代以来，景德镇考古工作者为配合城市建设，在御窑厂遗址进行了十余次的抢救性考古清理发掘，之后又经国家文物局批准，联合北京大学、江西省文物考古研究所等单位进行发掘，出土明清官窑瓷片数以吨计，经考古人员精心修复，复原了数千件明官窑珍品，这些深埋地下数百年的珍宝终于重现天日。此次应故宫博物院之邀所展出的 161 件套明初官窑瓷器，便是从中遴选出的部分精品。

本次展出的景德镇明御窑厂遗址出土的官窑瓷器，主要是明洪武、永乐、宣德三朝遗物。其中有备受世人推崇的永宣青花瓷、精美绝伦的中国最早的宣德斗彩瓷，尤以永宣外销瓷最富而精，这是郑和下西洋带往中东的瓷器，这些瓷器大多花纹精美、器形特异，充满了异域风情。郑和的舰队早已湮没在历史的长河之中，但这批销往中东地区的瓷器却留存至今，散发出那个时代特有的气息，标志景德镇瓷器作为东西方文明传播与扩散的载体，已然成为全球化的商品。通过本次展览，人们既可欣赏明初官窑的辉煌成就，又可从中获取当时社会政治、经济、人文艺术等方面的信息，让人们在欣赏官窑艺术的同时，获得一些有益的启示。而故宫博物院将其所藏三朝瓷器与御窑厂遗址出土瓷器进行对比展，从某种意义上说，是分别五百多年相隔几千里的瓷器亲姊妹的一次华丽聚首，这无论在学术上，还是在展览内容上都是十分有意义的。

在这一重要展览开幕和大型图录出版之际，我谨代表中共景德镇市委、景德镇市人民政府向故宫博物院单霁翔院长以及各方面的领导和专家表示感谢！感谢他们对景德镇文博事业长期以来的关心和支持，同时也感谢诸位先生、女士为展览和编纂图录所付出的辛劳。

最后，祝展览圆满成功！

中共景德镇市委书记 刘昌林

Preface II

Since the establishment of the official kiln system in the Song dynasty, porcelains had become imperial tributes and were brought to the imperial court in large number as the emperor's exclusive belongings for appreciation and daily use. These porcelains have now been regarded as priceless treasures and collected by various museums and private collectors all over the world, among which, the Palace Museum in Beijing is especially renowned for its porcelain collection, in particular, the Ming and Qing porcelains from the imperial kilns at Jingdezhen. These exquisite porcelains are not only valuable on the economic aspect, but also instrumental to the study of Chinese porcelain history, craft history, cultural and art history, technology history, and the cultural history of the imperial court. As a matter of fact, these priceless treasures were made in the Ming and Qing imperial kilns at Jingdezhen, a small town thousands of miles away from the capital city.

In the second year of the Hongwu reign in the Ming dynasty (CE 1369), Zhu Yuanzhang established the imperial kiln at Zhushan for porcelain production, on the basis of the Fuliang kiln of the Yuan dynasty. Until 1911, when the Qing government was overthrown, tens of thousands of imperial porcelain had been produced from the imperial kiln for over 500 years. Most of the exquisite pieces had been offered to the imperial court at the time of production, deserting and burying the flawed and redundant pieces at the kiln site which remained unknown for years. Since the 1980s, archaeologists at Jingdezhen have conducted emergent excavation at the imperial kiln site for over ten times, in cooperation with the urban development construction. Later, after being approved by the State Administration of Cultural Heritage, the local archaeologists worked together with Peking University and the Administration of Cultural Heritage in Jiangxi to reveal several tons of Ming and Qing ceramics at the imperial kiln site. After careful restoration by the archaeologists, thousands of porcelain pieces from the Ming imperial kiln have been brought to light. Thus, the buried treasures are unveiled to the world after several hundred years. The 161 pieces of porcelain from the early Ming imperial kiln exhibited at the Palace Museum this time are selected from the best of the past excavations.

Porcelains at this exhibition are from the Ming imperial kiln at Jingdezhen, mainly dated to the reign of Hongwu, Yongle and Xuande. The blue-and-white porcelains of the Yongle and Xuande reign are especially highly rated. In addition, the exhibition has included the exquisite and the earliest porcelains with overglaze of the Xuande reign, in particular, the fine export porcelains of Xuande, which were taken to the Middle East by Zheng He with his fleet. These porcelains are decorated with delicate flora patterns and presented in exotic shapes. Though Zheng He and his fleet have been long gone as time goes by, the porcelains for Middle East export remain till today and manifest the unique spirit of their time. These porcelains symbolize that porcelains of Jingdezhen have been a global commodity and serve as media for the communication and dissemination of culture between the East and the West. Through this exhibition, the visitors can enjoy the glorious achievement of the early Ming imperial kiln and gain an understanding about the society, politics, economics, literature and art of the Ming dynasty. The exhibition juxtaposes the Palace Museum collection of porcelains of the Hongwu, Yongle and Xuande reign, and the porcelains excavated from the imperial kiln at Jingdezhen, which, to some extent, reunites porcelains stemming from the same root over 500 years ago. From both aspects of academic research and exhibition, this exhibition is unprecedented and inspirational.

At the time of the unveiling of this important exhibition and the publication of this catalogue, I sincerely thank Shan Jixiang, the director of the Palace Museum, and the leading cadres and scholars of various institutes on behalf of the Government of Jingdezhen. I thank the people who have been caring about and supporting the development of the heritage work in Jingdezhen over the years and I thank the scholars who devoted themselves to the exhibition and the editing of this catalogue.

Finally, I wish the exhibition achieve a great success.

Liu Changlin
Chinese Communist Party Secretary of Jingdezhen

图版目录

List of Plates

图版

Plates

宣德时期

Xuande Period

1 | # 青花缠枝莲纹碗

明宣德

高 9.9 厘米　口径 28.6 厘米　足径 11.8 厘米

故宫博物院藏

碗敞口，弧腹，圈足。足内施白釉，外壁以青花装饰。口沿下及足墙各饰朵花纹一周，腹饰缠枝莲纹，下部饰变形莲瓣纹。外腹上部有青花横书"大明宣德年制"六字楷书款。

此碗为清宫旧藏。胎体厚重，青花色调艳丽，外壁绘缠枝莲纹，花朵硕大，枝叶卷曲，极具装饰性。

Blue and white bowl with design of interlocking lotus
Xuande Period, Ming Dynasty, Height 9.9cm　mouth diameter 28.6cm　foot diameter 11.8cm, Collected by the Palace Museum

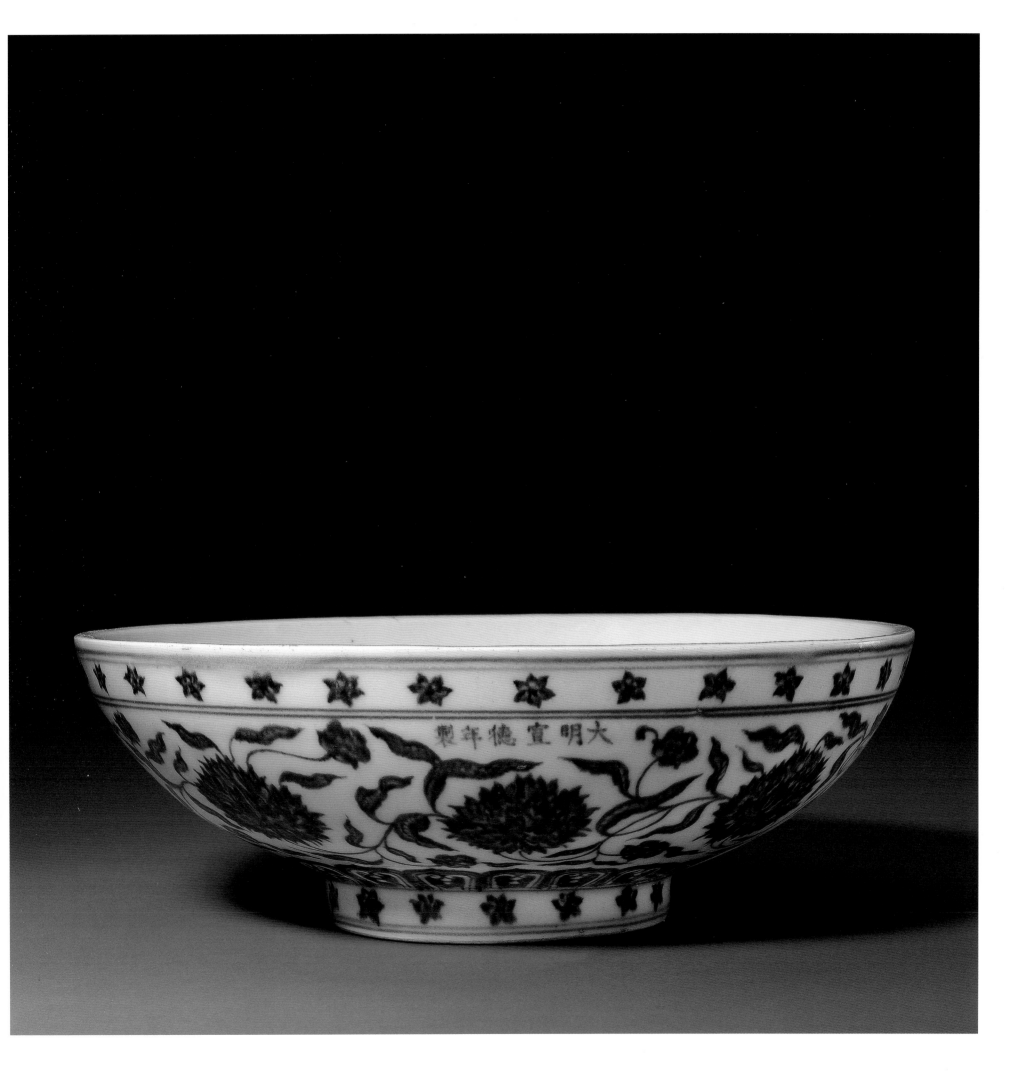

青花缠枝莲纹碗

明宣德

高 13.7 厘米　口径 35.5 厘米　足径 20 厘米

故宫博物院藏

碗敞口，浅腹，卧足。足内无釉。通体以青花为饰，里心绘折枝石榴纹，内壁及口沿饰石榴、荔枝、菊花、牡丹等各式折枝花卉；外口沿绘卷草纹，外壁绘缠枝莲纹。

此碗为清宫旧藏。造型秀美精巧，胎体轻薄，为宣德时期流行的器形之一。

Blue and white bowl with design of interlocking lotus
Xuande Period, Ming Dynasty, Height 13.7cm mouth diameter 35.5cm foot diameter 20cm, Collected by the Palace Museum

3 青花缠枝莲纹合碗

明宣德
通高 10 厘米　口径 17.4 厘米　足径 9.7 厘米
故宫博物院藏

碗侈口微外撇，直腹近底内折，圈足。附盖，盖拱顶，顶尖凸起一小钮，折沿，合盖于碗口之上。通体以青花为饰，盖钮周围饰变形莲瓣纹，盖面及外壁饰缠枝莲纹，下腹部凸饰弦纹两道，近足处饰蕉叶纹。盖里心书青花"大明宣德年制"六字双行楷书款，碗里心青花双圈内书"大明宣德年制"六字双行楷书款。

此合碗为清宫旧藏。造型规整，纹饰流畅。清宫中亦见有矾红彩、青花矾红彩云龙纹合碗。

Blue and white bowl with fitted cover and design of interlocking lotus
Xuande Period, Ming Dynasty, Overall height 10cm mouth diameter 17.4cm foot diameter 9.7cm, Collected by the Palace Museum

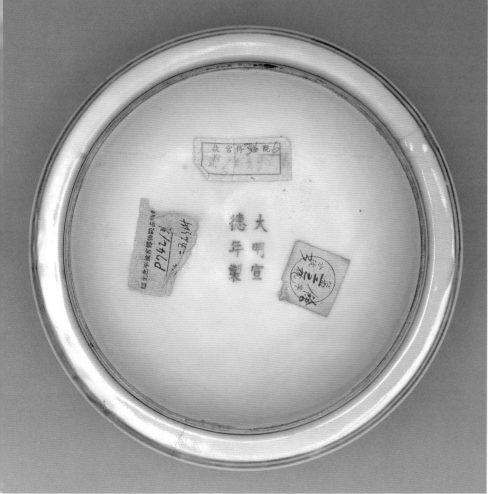

4 青花莲托八宝纹合碗

明宣德
高 7.5 厘米　口径 17.1 厘米　足径 9.8 厘米
1993 年出土于御窑珠山

碗侈口，折腰，圈足。通体施釉。外壁绘莲托八宝纹，下凸起弦纹两道，再下饰交枝花纹。里心青花双圈内书"大明宣德年制"六字双行楷书款。

这种碗应有盖，始见于宣德时期，同时出土的还有釉里红、青花釉里红、青花矾红、红釉等品种。

Blue and white bowl with fitted cover and design of lotus and eight auspicious symbols
Xuande Period, Ming Dynasty, Height 7.5cm　mouth diameter 17.1cm　foot diameter 9.8cm, Unearthed at Zhushan, Imperial Kiln in 1993

5 | 青花矾红彩云龙纹合碗

明宣德
高 7.5 厘米　口径 17.1 厘米　足径 10 厘米
故宫博物院藏

碗侈口，圆腹，腹下内折，圈足。足内施白釉，通体以青花及矾红彩装饰，内口沿绘青花弦纹两道，外壁以矾红彩分两层装饰，以弦纹间隔，上层为两组云龙纹，龙为四爪，作回首状，下层绘云纹。里心青花双圈内书"大明宣德年制"六字双行楷书款。

Bowl with fitted cover and design of cloud and dragon in iron-red on white ground
Xuande Period, Ming Dynasty, Height 7.5cm mouth diameter 17.1cm foot diameter 10cm, Collected by the Palace Museum

6 青花鱼藻纹盘

明宣德
高 4.2 厘米　口径 19 厘米　足径 11.8 厘米
故宫博物院藏

盘侈口，弧壁，圈足。内外均以青花装饰。里心在蓝色双圈内绘鱼藻纹，两尾游鱼潜游于飘浮的水草与盛开的莲花之间，外壁亦绘鱼藻纹，荷莲、水草与游鱼规则地相间排列。足内白釉青花双圈内书"大明宣德年制"六字双行楷书款。

明宣德青花使用进口青料，此种高铁低锰料在烧成过程中易晕散，故所绘纹饰不够清晰。此盘青色较为淡雅，纹饰比较清晰，实为难得。

Blue and white plate with design of fish and water-weed
Xuande Period, Ming Dynasty, Height 4.2cm　mouth diameter 19cm　foot diameter 11.8cm, Collected by the Palace Museum

青花鱼藻纹盘

明宣德
高 4.4 厘米　口径 18.7 厘米　足径 11.8 厘米
1993 年出土于御窑珠山

盘撇口，弧腹，圈足。内口沿饰海水纹一周，里心绘莲花、荷叶、水草、浮萍，两条鱼悠游其间；外壁亦绘莲荷、水草，四种不同的鱼游于其间。

荷莲、水草、游鱼为元代瓷器上常见的纹饰，宣德时常绘鲭、鲌、鲢、鳜四种鱼，寓意"清白廉洁"。

Blue and white plate with design of fish and water-weed
Xuande Period, Ming Dynasty, Height 4.4cm mouth diameter 18.7cm foot diameter 11.8cm, Unearthed at Zhushan, Imperial Kiln in 1993

8 祭蓝地白鱼藻纹盘

明宣德

高 4.3 厘米　口径 18.8 厘米　足径 12.2 厘米

故宫博物院藏

盘敞口微敛，浅弧腹，圈足。内外均施祭蓝釉地，以白花装饰，口沿处不施蓝釉，露出洁白的胎体。里心绘鱼藻纹，两条鱼潜游在水藻、莲花之间。外壁绘四朵大莲花对称分布，花间各一条鱼，游姿各异。鱼身、花朵露白处均施有划花纹饰。足内白釉青花双圈内书"大明宣德年制"六字双行楷书款。

此盘为清宫旧藏。工艺上承元代蓝地白花做法，是颜色釉兼白色纹饰器物的代表作品。

Plate with design of fish and water-weed in white on sacrificial blue ground
Xuande Period, Ming Dynasty, Height 4.3cm mouth diameter 18.8cm foot diameter 12.2cm, Collected by the Palace Museum

9 | 青花鱼藻纹洗

明宣德

高 4.3 厘米　口径 18 厘米　足径 14.4 厘米

1993 年出土于御窑珠山

洗侈口，壁呈花瓣形，浅腹略内收，圈足随外壁转折，底心微拱。通体施釉，以青花为饰。里心与外壁均绘鱼藻纹，足内青花双圈内书"大明宣德年制"六字双行楷书款。

Blue and white washer with design of fish and water-weed
Xuande Period, Ming Dynasty, Height 4.3cm　mouth diameter 18cm　foot diameter 14.4cm, Unearthed at Zhushan, Imperial Kiln in 1993

祭蓝地白鱼藻纹高足碗

明宣德

高 10.4 厘米　口径 15.3 厘米　足径 4.5 厘米

1984 年出土于御窑珠山

碗侈口，弧腹，足微外撇，中空。内壁蓝釉无纹饰，外壁蓝釉为地，用白釉填绘四鱼游于水草、浮萍与莲荷之间。足底书"宣德年制"四字双行楷书款。

高足碗又称"马上杯"、"靶杯"，饮酒或盛果实的器皿，始盛于元代。上为碗形，下有柄，柄呈圆柱形、竹节形、四方形等，足分细砂平底高足、平底浅圈足与竹节或中空柄足。明、清时继续烧制，以景德镇生产量最大。元代高足碗的足与碗身是用胎泥黏结的，足内有一团黏合时挤出的瓷泥；明代高足碗的足与碗身是用釉来黏结的，足与碗身的交接处有一釉的中间层，足内底有一带釉的乳突。此器白花纹凸起，可见其工艺是先按纹样剔去蓝釉，再填以白釉进行装饰。

Bowl with high stem and design of fish and water-weed in white on sacrificial blue ground
Xuande Period, Ming Dynasty, Height 10.4cm　mouth diameter 15.3cm　foot diameter 4.5cm, Unearthed at Zhushan, Imperial Kiln in 1984

11

斗彩鸳鸯莲池纹盘

明宣德

高 4.6 厘米　口径 21.5 厘米　足径 13.6 厘米

1988 年出土于御窑珠山

盘侈口，弧壁，浅腹，圈足微敛，底心微凹。通体施釉。内口沿以青料书藏文吉祥经一周，其大意是："白昼安宁夜安宁，白日中午得安宁，昼夜长久安宁兮，三宝保佑安且宁。"盘心以没骨画法绘三组红莲和一对鸳鸯，并以芦苇、红蓼、慈姑、浮萍等穿插其间；外壁绘荷莲纹四组，并饰以红蓼、慈姑、鸳鸯两对穿插其间。鸳鸯以青料绘头、翅，再以红、赭、黄合绘而成。外底书青花双圈"大明宣德年制"六字双行楷书款。

斗彩工艺是宣德时期御窑生产的创新品种。

Plate with design of mandarin duck and lotus in contending colors
Xuande Period, Ming Dynasty, Height 4.6cm mouth diameter 21.5cm foot diameter 13.6cm, Unearthed at Zhushan, Imperial Kiln in 1988

12

青花折枝葡萄纹盘

明宣德
高 7.3 厘米　口径 38.1 厘米　足径 24 厘米
故宫博物院藏

盘敞口，弧壁，圈足。通体以青花为饰。折沿饰海水纹，里心饰折枝葡萄纹，里外壁均饰缠枝花卉纹，里外纹饰间均隔以青花线。

此盘为清宫旧藏。此种器物在宣德时较为盛行。

Blue and white plate with design of disconnected sprays of grapes
Xuande Period, Ming Dynasty, Height 7.3cm mouth diameter 38.1cm foot diameter 24cm, Collected by the Palace Museum

黄地青花折枝葡萄纹大盘

明宣德

高 7.5 厘米　口径 48.4 厘米　足径 35 厘米

1993 年出土于御窑珠山

盘撇口，弧壁，圈足。火石红底。盘心青花绘折枝葡萄，内壁饰折枝花卉；外壁绘六朵折枝灵芝。内外均以黄釉填地，唯外壁近口沿处留长方形白框，内青花书"大明宣德年制"六字楷书横款。

黄地青花创烧于宣德时期，是在白釉上填以黄釉，再经低温二次烧成。有通体填黄及在书款处留白框两种形式，此盘属后者。

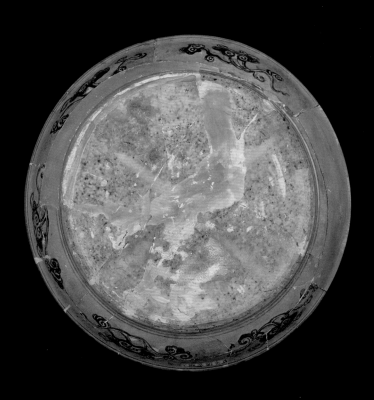

Plate with design of disconnected sprays of grapes in blue on yellow ground
Xuande Period, Ming Dynasty, Height 7.5cm mouth diameter 48.4cm foot diameter 35cm, Unearthed at Zhushan, Imperial Kiln in 1993

14 青花把莲纹盘

明宣德

高 5 厘米　口径 27 厘米　足径 7.5 厘米

故宫博物院藏

盘呈十瓣菱花式，折沿，方唇，浅弧腹，矮圈足内壁斜削。足内无釉，露出泛黄色的白胎，胎质细腻光滑。内外壁均白地青花装饰。折沿满绘缠枝花，内壁逐瓣绘一朵折枝花，相对花样相同，里心绘一束折枝莲，一朵大莲花居中，小莲花、莲蓬、莲叶相间；外壁与内壁装饰相同，仅在一花瓣内青花书"大明宣德年制"六字楷书横款。

此盘为清宫旧藏。青花色泽浓而不艳，多有铁锈斑点，装饰纹样饱满而不繁缛，呈现出大气、雅致的风格。

Blue and white plate with design of a bundle of lotus
Xuande Period, Ming Dynasty, Height 5cm　mouth diameter 27cm　foot diameter 7.5cm, Collected by the Palace Museum

15 　青花灵芝鹦鹉寿桃纹盘

明宣德
高 11.1 厘米　口径 72.1 厘米　足径 56 厘米
1982 年出土于御窑珠山

Blue and white plate with design of Lingzhi fungus, parrot and peach
Xuande Period, Ming Dynasty, Height 11.1cm mouth diameter 72.1cm foot diameter 56cm, Unearthed at Zhushan, Imperial Kiln in 1982

盘侈口，弧腹，圈足。砂底。里心绘一株桃树，硕果累累，枝上栖有两只鹦鹉，似在窃窃私语，十分生动，内壁饰折枝莲花、石榴、牡丹、荔枝、枇杷、菊花、柿子，外壁绘缠枝灵芝，近口沿处书青花"大明宣德年制"六字楷书横款。

此器为目前所知宣德官窑中尺寸最大的盘子。

青花萱草纹盘

明宣德

高 5.7 厘米　口径 35.7 厘米　足径 24.8 厘米

1983 年出土于御窑珠山

盘侈口，弧腹，圈足。砂底。里心青花双圈内绘萱草，内壁饰卷草，外壁绘折枝柿子、桃子、石榴及茶花、菊花、石榴花，花果相间，近口沿处书青花"大明宣德年制"六字横款。

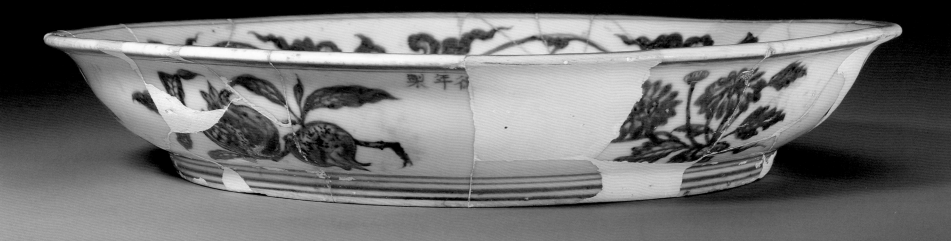

Blue and white plate with design of hemerocallis
Xuande Period, Ming Dynasty, Height 5.7cm　mouth diameter 35.7cm　foot diameter 24.8cm, Unearthed at Zhushan, Imperial Kiln in 1983

17 黄地青花萱草纹盘

明宣德
高 6.3 厘米　口径 35.4 厘米　足径 24.8 厘米
1983 年出土于御窑珠山

盘侈口，弧腹，圈足。砂底。里心青花双圈内绘萱草，内壁饰卷草；外壁绘折枝花果纹。内外均以黄釉填地。

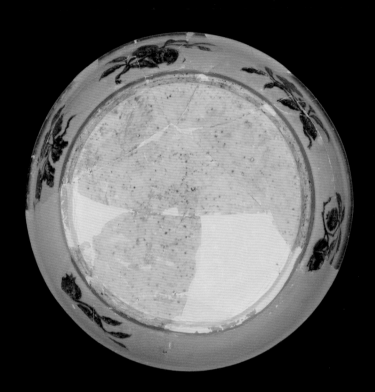

Plate with design of hemerocallis in blue on yellow ground
Xuande Period, Ming Dynasty, Height 6.3cm mouth diameter 35.4cm foot diameter 24.8cm, Unearthed at Zhushan, Imperial Kiln in 1983

18

蓝地白萱草纹盘

明宣德

高 6.3 厘米　口径 35 厘米　足径 24.8 厘米

1983 年出土于御窑珠山

盘侈口，弧腹，圈足。砂底。内外壁施蓝釉。内壁剔刻卷草纹，里心刻萱草纹；外壁剔刻折枝花果纹。均填以白釉。

Plate with design of hemerocallis in white on blue ground
Xuande Period, Ming Dynasty, Height 6.3cm mouth diameter 35cm foot diameter 24.8cm, Unearthed at Zhushan, Imperial Kiln in 1983

青花松竹梅纹盘

明宣德
高 6.3 厘米　口径 32.3 厘米　足径 23.2 厘米
故宫博物院藏

盘敞口微敛，圆唇，浅弧腹，矮圈足内壁斜削。足内无釉，露出泛黄的白色胎体，胎质细腻平滑。内外壁均白地青花装饰。内口沿下绘一圈海水纹，壁绘缠枝花，里心绘岁寒三友图，松树居中，竹、梅两侧相绕；外口沿下绘一圈卷草装饰，壁缠枝花图样与内壁相同，下部绘回纹装饰。

此盘为清宫旧藏。青花颜色浓艳，三友图构图匀称，体现了宣德时期青花瓷器大气典雅的特点。

Blue and white plate with design of pine, bamboo and prunus
Xuande Period, Ming Dynasty, Height 6.3cm mouth diameter 32.3cm foot diameter 23.2cm, Collected by the Palace Museum

20 | 青花松竹梅纹蟋蟀罐

明宣德
高 9.5 厘米　口径 13 厘米　腹径 14 厘米　足径 12 厘米
1993 年出土于御窑珠山

罐身鼓形，子母口，合拢时盖沿与罐口处于同一平面，圈足。圆形平盖，微凹，有孔。除盖身相交处及足跟外皆施釉。外壁与盖面均绘松、竹、梅，外壁松树与梅花树干并立，枝叶向相反方向延伸，松梅交汇处绘竹。盖里和足内正中分别书青花横排和竖排"大明宣德年制"六字单行楷书款。

Blue and white cricket jar with design of pine, bamboo and prunus
Xuande Period, Ming Dynasty, Height 9.5cm　mouth diameter 13cm　belly diameter 14cm　foot diameter 12cm, Unearthed at Zhushan, Imperial Kiln in 1993

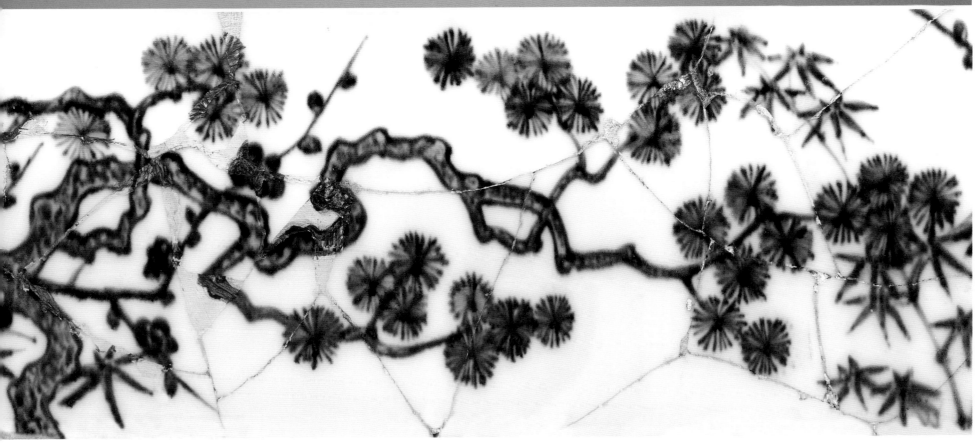

21

青花松竹梅纹鸟食罐

明宣德

高 6 厘米　残长 9.9 厘米　残宽 6.1 厘米

1993 年出土于御窑珠山

鸟食罐花口，外壁模压出六出下凹线条，腹部有并列双系。除口沿外均施釉。外壁绘青花松竹梅纹。因口沿残缺而不能见其款。

Blue and white container for bird's food with design of pine, bamboo and prunus
Xuande Period, Ming Dynasty, Height 6cm length of remain 9.9cm width of remain 6.1cm, Unearthed at Zhushan, Imperial Kiln in 1993

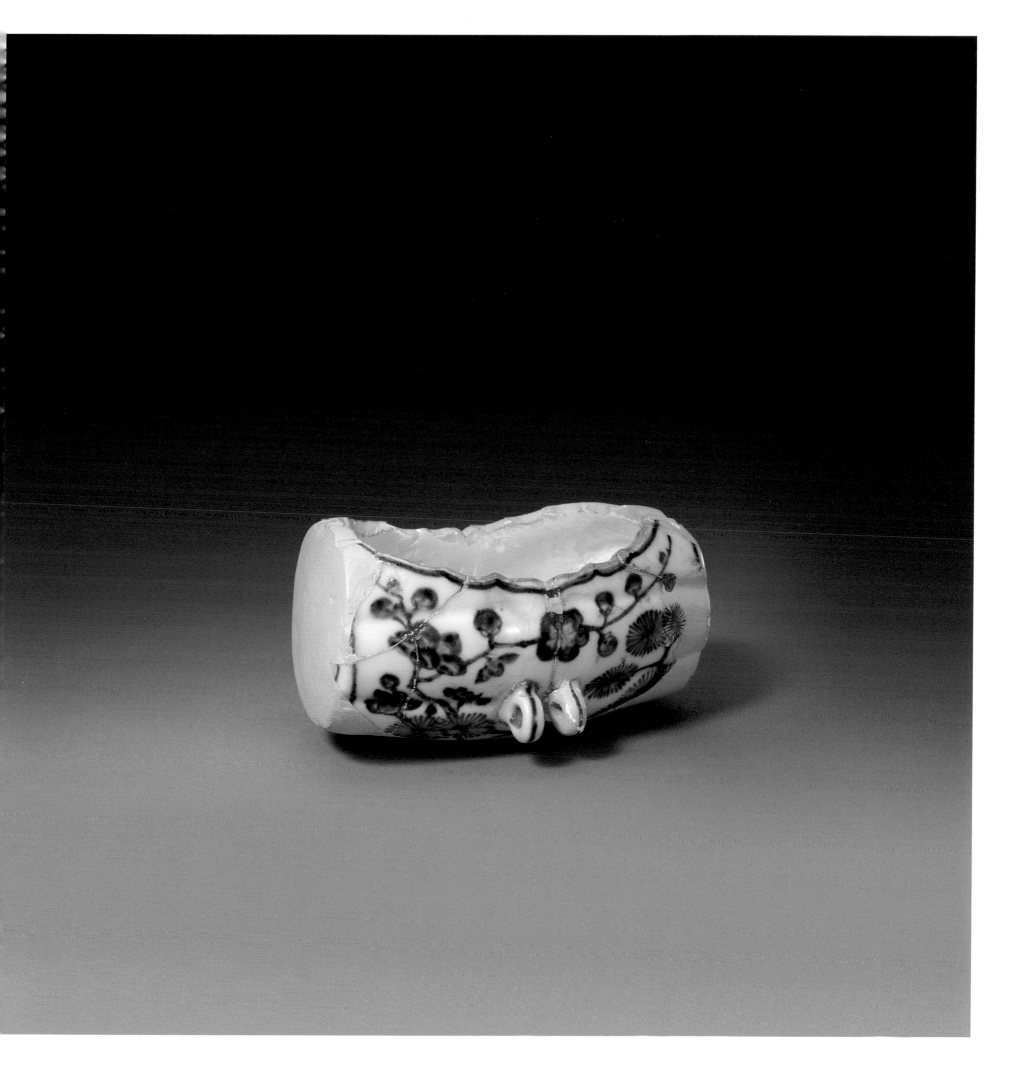

22

青花地白穿花龙纹高足碗

明宣德
高 11.1 厘米　口径 16.7 厘米　足径 4.8 厘米
故宫博物院藏

碗敞口，弧腹，高足外撇，中空。内外遍饰纹饰。内外壁饰两组云龙穿花纹，里心圆圈内再饰一组云龙穿花，足墙饰缠枝莲纹。

此高足碗为清宫旧藏。采用刻花和青花地拔白的装饰方法，先在胎上刻云龙、莲花等图案，再以青花涂抹，将主体图案留白，烧成后即呈现以青花为地、以白釉为主体纹饰的独特效果，区别于常见的白地青花，拓展了青花的艺术表现形式。

Bowl with high stem and design of cloud and dragon in reserved white on blue ground
Xuande Period, Ming Dynasty, Height 11.1cm mouth diameter 16.7cm foot diameter 4.8cm, Collected by the Palace Museum

23

青花穿花龙纹高足碗

明宣德

高 12 厘米　口径 17 厘米　足径 4.8 厘米

1993 年出土于御窑珠山

碗侈口，弧腹，高足下部外撇，中空。通体施白釉，以青花为饰。内壁书藏文一周，里心双圈内书一梵文；外壁绘龙穿缠枝花，足墙绘缠枝莲纹，足底书青花"宣德年制"四字双行楷书款。

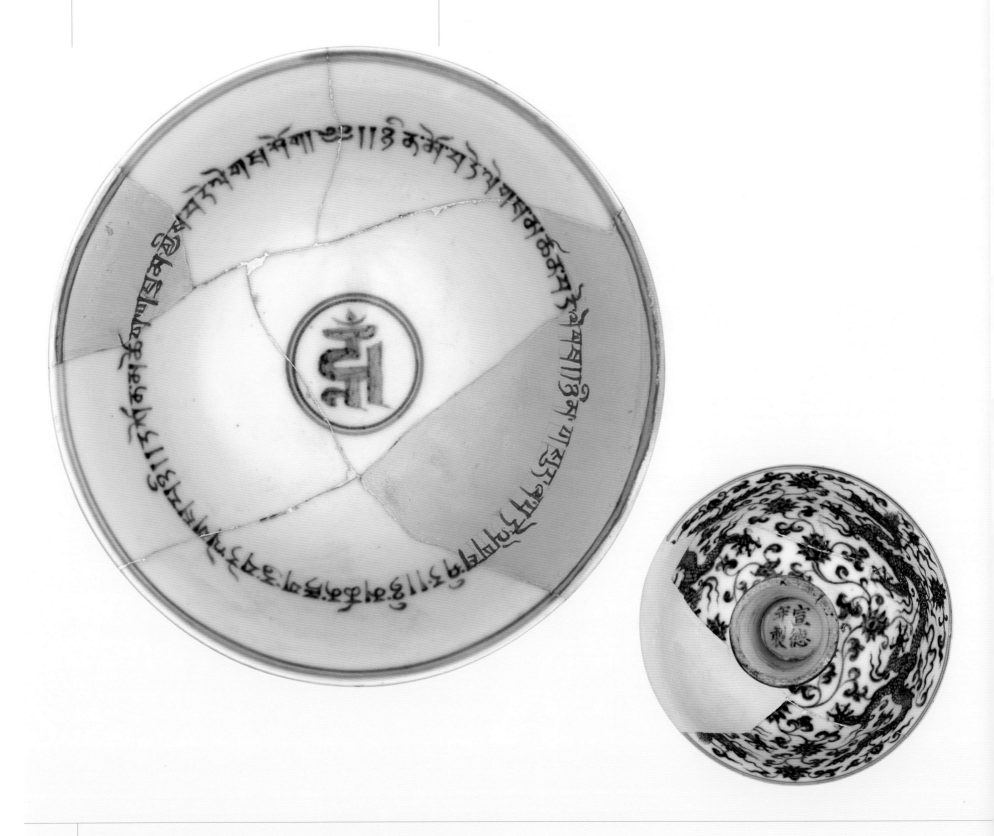

Blue and white bowl with high stem and design of dragon flying among flowers
Xuande Period, Ming Dynasty, Height 12cm　mouth diameter 17cm　foot diameter 4.8cm, Unearthed at Zhushan, Imperial Kiln in 1993

24

青花穿花龙纹碗

明宣德

高 12 厘米　口径 27.2 厘米　足径 12.8 厘米

1993 年出土于御窑珠山

碗侈口，弧腹，圈足。通体施釉，以青花为饰。内口沿绘缠枝花一圈，里心饰穿花龙纹；外壁饰两条五爪穿花龙，足壁绘如意纹一周。足内书青花双圈"大明宣德年制"六字双行楷书款。

Blue and white bowl with design of dragon flying among flowers
Xuande Period, Ming Dynasty, Height 12cm mouth diameter 27.2cm foot diameter 12.8cm, Unearthed at Zhushan, Imperial Kiln in 1993

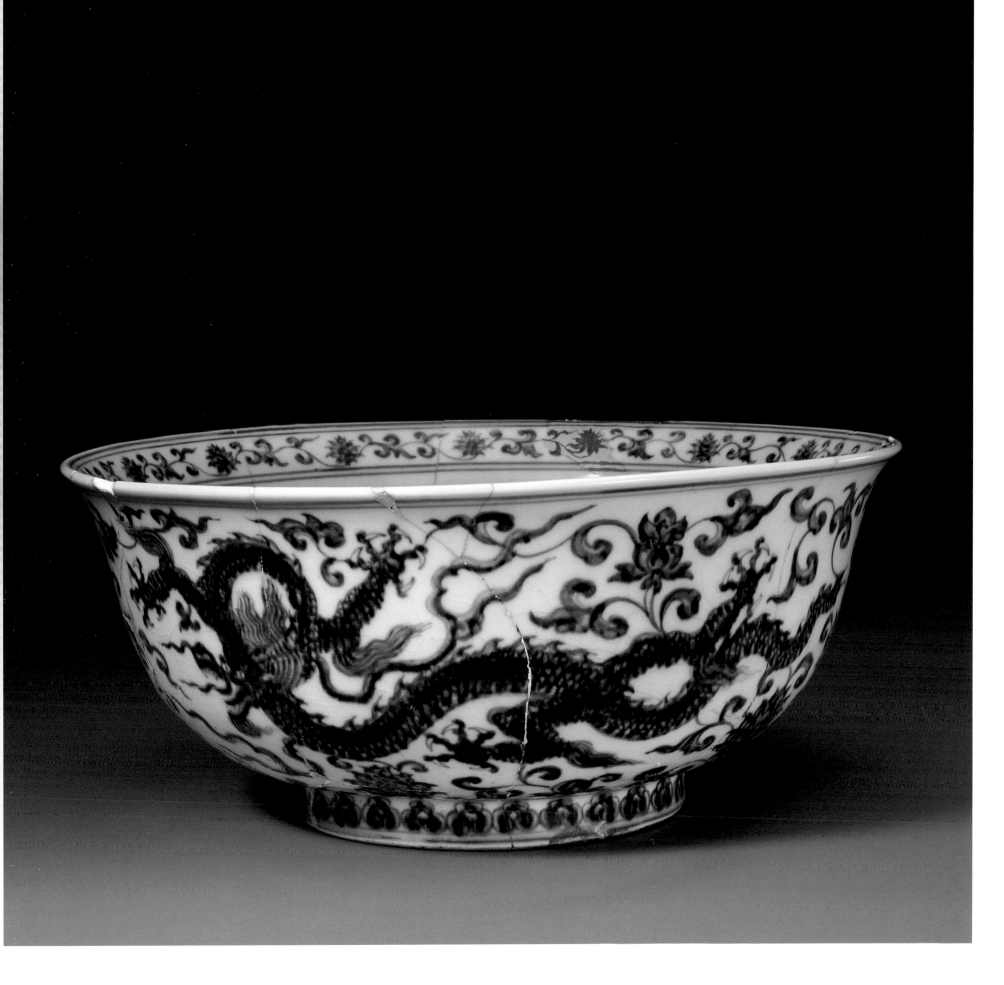

25

青花穿花龙纹碗

明宣德

高 7 厘米　口径 14.9 厘米　足径 5.8 厘米

1993 年出土于御窑珠山

碗侈口，弧腹，圈足。通体施釉。内壁绘缠枝花卉，里心饰莲池纹，口沿饰菱形锦纹一圈；外壁绘五爪穿花龙两条，下腹饰变形莲瓣一圈。底青花双圈内书"大明宣德年制"六字双行楷书款。

Blue and white bowl with design of dragon flying among flowers

Xuande Period, Ming Dynasty, Height 7cm mouth diameter 14.9cm foot diameter 5.8cm, Unearthed at Zhushan, Imperial Kiln in 1993

青花海水龙纹盘

明宣德

高 6 厘米　口径 30.7 厘米　足径 23 厘米

1993 年出土于御窑珠山

盘口微敛，弧腹，圈足。砂底。盘心满绘海涛纹，一龙升腾于海涛上，内壁绘神态各异的三条龙；外壁绘云纹，近口沿处书青花"大明宣德年制"六字楷书横款。

Blue and white plate with design of dragons among waves
Xuande Period, Ming Dynasty, Height 6cm mouth diameter 30.7cm foot diameter 23cm, Unearthed at Zhushan, Imperial Kiln in 1993

27

青花云龙纹高足碗

明宣德

高 8.9 厘米　口径 10 厘米　足径 4.4 厘米

故宫博物院藏

碗侈口，深弧腹，高足外撇。足底无釉，内外以青花为饰。外壁绘两组云龙纹，龙姿态威猛，仿佛翱翔于天际，颇具动感，足墙绘朵云纹；内壁无纹，口沿饰两道弦纹，里心青花双圈内书"大明宣德年制"六字双行楷书款。

此高足碗为清宫旧藏。造型小巧、端正，青花色泽浓艳、凝重，所绘龙纹姿态凶猛。

Blue and white bowl with high stem and design of cloud and dragon
Xuande Period, Ming Dynasty, Height 8.9cm　mouth diameter 10cm　foot diameter 4.4cm, Collected by the Palace Museum

青花海水龙纹高足碗

明宣德
高 10.3 厘米　口径 15.6 厘米　足径 4.5 厘米
故宫博物院藏

碗侈口，下腹内收，承以高足。内外以青花为饰。内口绘青花双线，里心青花双圈内书"大明宣德年制"六字双行楷书款；外壁绘青花海水龙纹，龙张口怒目，鬃发上冲，作回首状，四肢前伸，五爪伸张，矫健有力，龙身间隙处饰波涛汹涌的海水纹，衬托出巨龙行空之势；足柄上绘海水江崖纹。

Blue and white bowl with high stem and design of dragons among waves
Xuande Period, Ming Dynasty, Height 10.3cm mouth diameter 15.6cm foot diameter 4.5cm, Collected by the Palace Museum

29

青花海兽纹高足杯

明宣德

高 7.7 厘米　口径 8.1 厘米　足径 4.3 厘米

1993 年出土于御窑珠山

杯侈口，深弧腹，竹节足外撇，封底。通体施白釉，以青花为饰。外口沿饰如意纹一周，腹饰淡描青花海水纹，其间以浓料绘出海兽，海兽均有双翼，有龙形、象形、马形等九种。足部绘海水江崖纹。里心书梵文九个，足底双圈内书青花"大明宣德年制"六字双行楷书款。

Blue and white cup with high stem and design of fictional sea animals
Xuande Period, Ming Dynasty, Height 7.7cm mouth diameter 8.1cm foot diameter 4.3cm, Unearthed at Zhushan, Imperial Kiln in 1993

30 釉里红龙纹高足碗

明宣德

高 10.6 厘米　口径 15 厘米　足径 4.3 厘米

1993 年出土于御窑珠山

碗侈口，浅弧腹，足中空。通体施白釉，以釉里红为饰。外壁绘同向赶珠龙纹两条，高足下部饰卷草纹一周。里心刻"大明宣德年制"双圈六字款。

此器釉里红纹饰凸起，极为罕见。

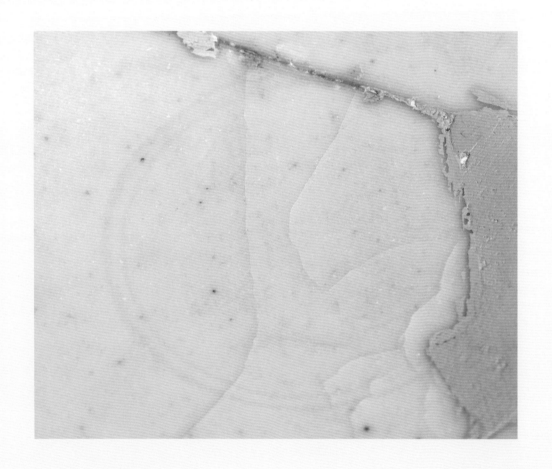

Bowl with high stem and design of dragon in underglaze red
Xuande Period, Ming Dynasty, Height 10.6cm mouth diameter 15cm foot diameter 4.3cm, Unearthed at Zhushan, Imperial Kiln in 1993

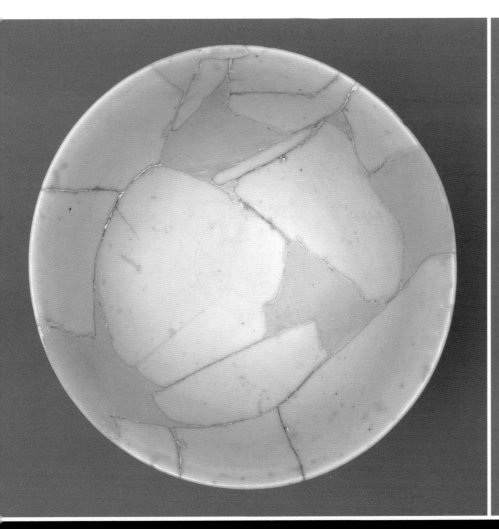

31 矾红彩龙纹高足碗

明宣德
高 10.6 厘米　口径 15.5 厘米　足径 4.5 厘米
1993 年出土于御窑珠山

碗侈口，弧腹，柱形足中空。通体施白釉，以矾红彩为饰。外壁绘赶珠龙两条，足下部饰卷草纹一周。内口沿处饰弦纹两道，里心矾红双圈内书"大明宣德年制"六字双行楷书款。

此类矾红款为宣德稀见款，宣德后并不流行，嘉靖以后再度出现，清雍正后流行。此器龙纹描画细腻，色有浓淡之分。

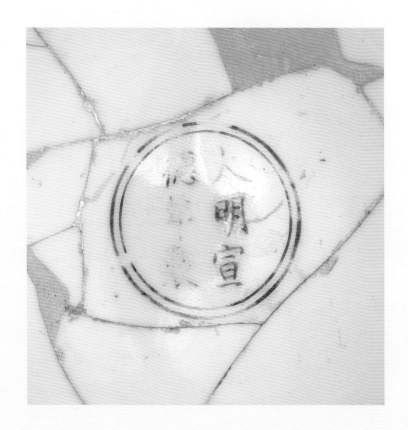

Iron red bowl with high stem and design of dragon
Xuande Period, Ming Dynasty, Height 10.6cm mouth diameter 15.5cm foot diameter 4.5cm, Unearthed at Zhushan, Imperial Kiln in 1993

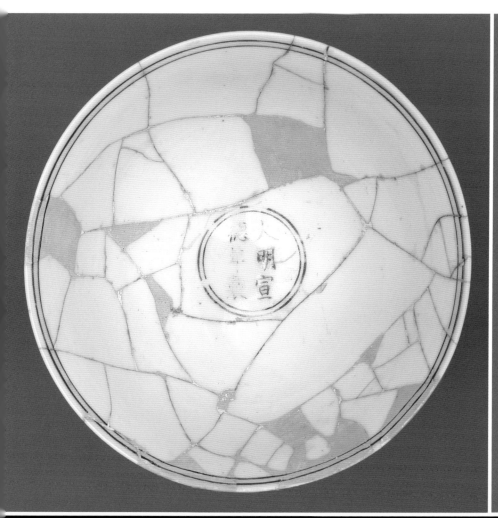

32

青花缠枝花卉纹高足碗

明宣德

高 11.4 厘米　口径 12.4 厘米　足径 4.5 厘米

故宫博物院藏

碗侈口，深弧腹，高足外撇，中空。里外以青花装饰。里口沿饰双弦纹，里心变形莲瓣纹青花双圈内书"大明宣德年制"六字双行楷书款；外壁饰缠枝花卉纹，近足处饰变形莲瓣纹，把足中间为卷草纹装饰带。

此高足碗为清宫旧藏。

Blue and white bowl with high stem and design of interlocking flowers
Xuande Period, Ming Dynasty, Height 11.4cm　mouth diameter 12.4cm　foot diameter 4.5cm, Collected by the Palace Museum

青花花卉纹高足碗

明宣德

高 18.7 厘米　口径 15.8 厘米　足径 7.9 厘米

故宫博物院藏

碗侈口，深腹，高足外撇，中空。通体以青花装饰，里心双圈内饰把莲纹，里口饰如意云头纹；外壁饰折枝四季花卉纹，近足处饰莲瓣纹，把足饰折枝花卉纹。外壁口沿下青花书"宣德年制"四字楷书横款。

此高足碗为清宫旧藏，是宣德官窑常见高足碗式之一，造型敦厚饱满，青花色调浓重艳丽，纹饰疏朗，画意生动。

Blue and white bowl with high stem and floral design
Xuande Period, Ming Dynasty, Height 18.7cm　mouth diameter 15.8cm　foot diameter 7.9cm, Collected by the Palace Museum

34 | 青花卷草纹高足碗

明宣德
高 10.7 厘米　口径 15.3 厘米　足径 4.3 厘米
1982 年出土于御窑珠山

碗侈口，弧腹，足微外撇，中空。通体以青花为饰。内口沿饰方格锦纹，里心绘莲池纹。外口沿饰波浪纹，腹饰卷草纹，下部饰变形莲瓣纹，足下部饰卷草纹。足底书青花"宣德年制"四字楷书款，其款识十分罕见。

此器造型、纹饰与永乐制品相似，系仿自永乐器，从外壁纹饰格局看，留白部分或为加金彩的位置，此器当为半成品。

Blue and white bowl with high stem and design of grass scrolls
Xuande Period, Ming Dynasty, Height 10.7cm mouth diameter 15.3cm foot diameter 4.3cm, Unearthed at Zhushan, Imperial Kiln in 1982

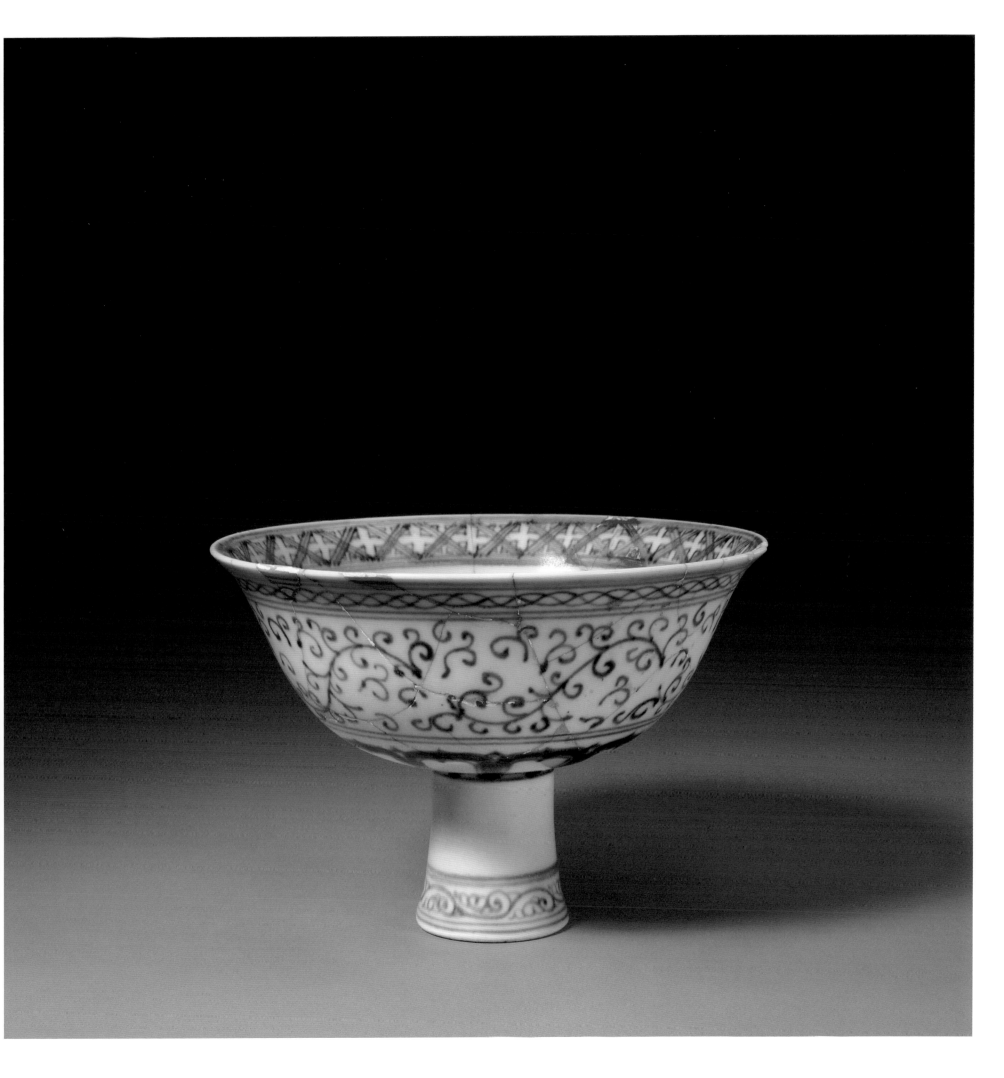

35

釉里红三鱼纹高足碗

明宣德
高 8.8 厘米　口径 9.9 厘米　足径 4.4 厘米
故宫博物院藏

碗口微撇，丰腹，高足微外撇，平底。通体白釉，釉面泛橘皮纹，外口边及底边积釉处釉色泛青较重，细砂底。外壁白色釉面上凸起三条红鱼，仿佛三鱼首尾相随于水中，红白相映，典雅清丽，很有情趣；里心青花双圈内书"大明宣德年制"六字双行楷书款。

此器造型端庄，小器大样，鱼纹绘画生动逼真，其莹润的橘皮纹白釉与明艳的釉里红纹饰互相辉映，相映成趣。明谷应泰《博物要览》记载："宣德窑红鱼靶杯，以西红宝石为末，图画鱼形，自骨内烧出，凸起宝光，鲜红夺目。若紫黑色者，火候失手。"可见文献中的"宝烧"即指"釉里红"。此件宣德釉里红三鱼纹高足碗是明代釉里红中少有的珍品，这一品种明万历、天启及清代的康熙、雍正朝都有仿制，其中康熙仿品最为乱真，但釉面不及真品肥腴明亮，垂腹欠丰满，柄足造型线条生硬。

Bowl with high stem and design of three fish in underglaze red
Xuande Period, Ming Dynasty, Height 8.8cm　mouth diameter 9.9cm　foot diameter 4.4cm, Collected by the Palace Museum

36

釉里红三鱼纹高足碗

明宣德

高 9.3 厘米　口径 10 厘米　足径 4.6 厘米

1982 年出土于御窑珠山

碗撇口，深弧腹，足外撇封底。内外均施白釉。底涩胎，细腻洁白。外壁绘釉里红三鱼，两条相对，一条尾随。里心青花双圈内书"大明宣德年制"六字双行楷书款。

Bowl with high stem and design of three fish in underglaze red
Xuande Period, Ming Dynasty, Height 9.3cm　mouth diameter 10cm　foot diameter 4.6cm, Unearthed at Zhushan, Imperial Kiln in 1982

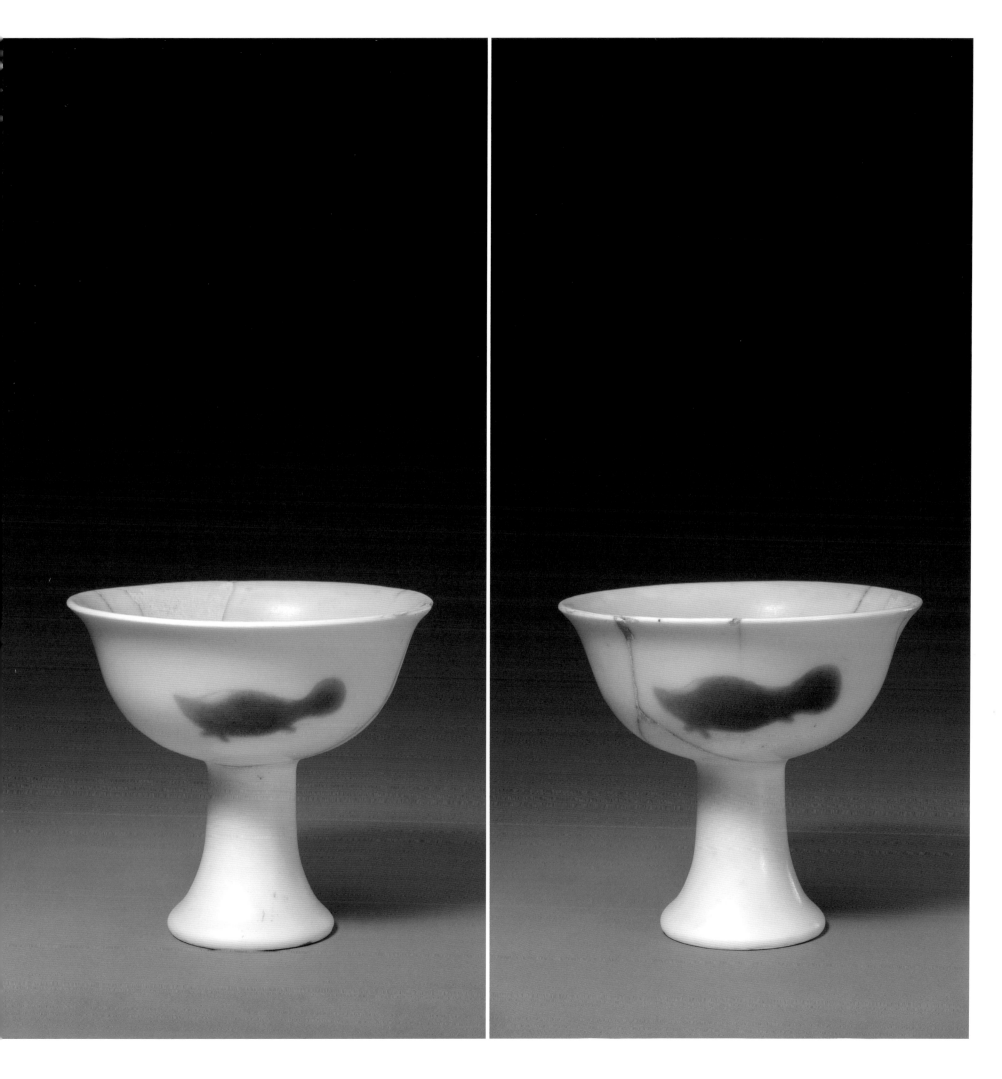

37

釉里红三鱼纹高足碗

明宣德

高 10.7 厘米　口径 15.5 厘米　足径 4.4 厘米

1993 年出土于御窑珠山

碗侈口，弧腹，足微外撇，中空。内外施白釉，以釉里红为饰。外壁绘釉里红三鱼，其中两条相对，一条尾随。里心青花双圈内书"大明宣德年制"六字双行楷书款。

Bowl with high stem and design of three fish in underglaze red
Xuande Period, Ming Dynasty, Height 10.7cm　mouth diameter 15.5cm　foot diameter 4.4cm, Unearthed at Zhushan, Imperial Kiln in 1993

釉里红三果纹高足碗

明宣德

高 10.2 厘米　口径 11.8 厘米　足径 4.9 厘米

1982 年出土于御窑珠山

碗侈口，深弧腹，柱足下部外撇，中空。通体施白釉，以釉里红为饰。外壁饰桃、柿、石榴三果纹，里心青花双圈内书"大明宣德年制"六字双行楷书款。

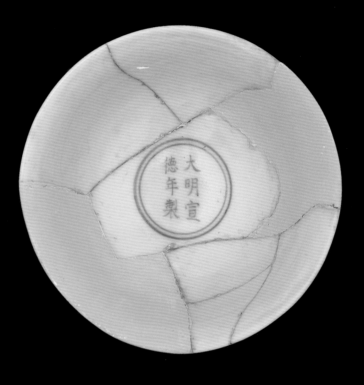

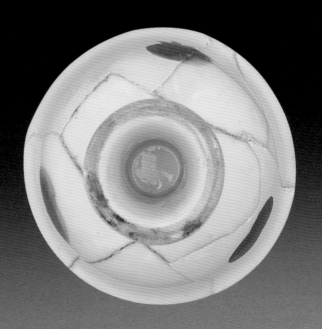

Bowl with high stem and design of three fruits in underglaze red
Xuande Period, Ming Dynasty, Height 10.2cm mouth diameter 11.8cm foot diameter 4.9cm, Unearthed at Zhushan, Imperial Kiln in 1982

39

铁红釉三果纹高足碗

明宣德

高 11.6 厘米　口径 16.8 厘米　足径 4.7 厘米

1993 年出土于御窑珠山

碗侈口，弧壁，柱形足中空。内外均施白釉。外壁以铁红釉绘桃、柿、石榴三果。

传世品中宣德红釉三果纹高足碗较常见，但以铁红釉绘三果纹者仅见此器。此类铁红釉器不见文献记载，亦不见传世品。

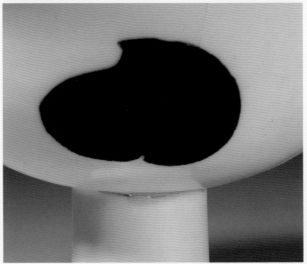

Bowl with high stem and design of three fruits in iron-red
Xuande Period, Ming Dynasty, Height 11.6cm　mouth diameter 16.8cm　foot diameter 4.7cm, Unearthed at Zhushan, Imperial Kiln in 1993

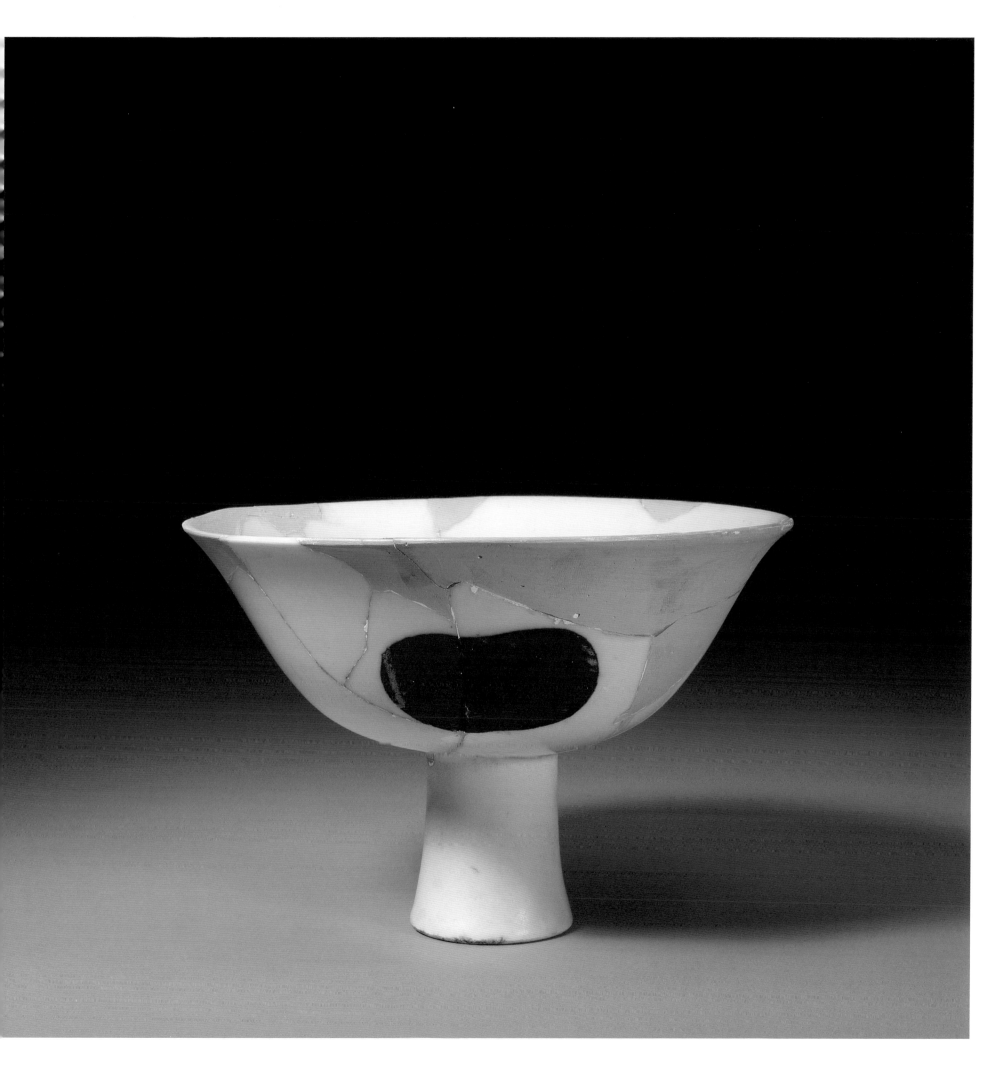

40 青花团龙纹高足碗

明宣德

高 11.6 厘米　口径 16.9 厘米　足径 4.5 厘米

故宫博物院藏

碗呈花口，敞口，弧腹内收，高足中空，足墙呈棱状突起。造型奇特。外壁绘十组菱花式团花，内绘十组云龙纹，龙首尾相向，仿佛群龙上下游走，自然生动。口沿和足端绘弦纹；内壁口沿饰弦纹，里心青花双圈内书"大明宣德年制"六字双行楷书款。

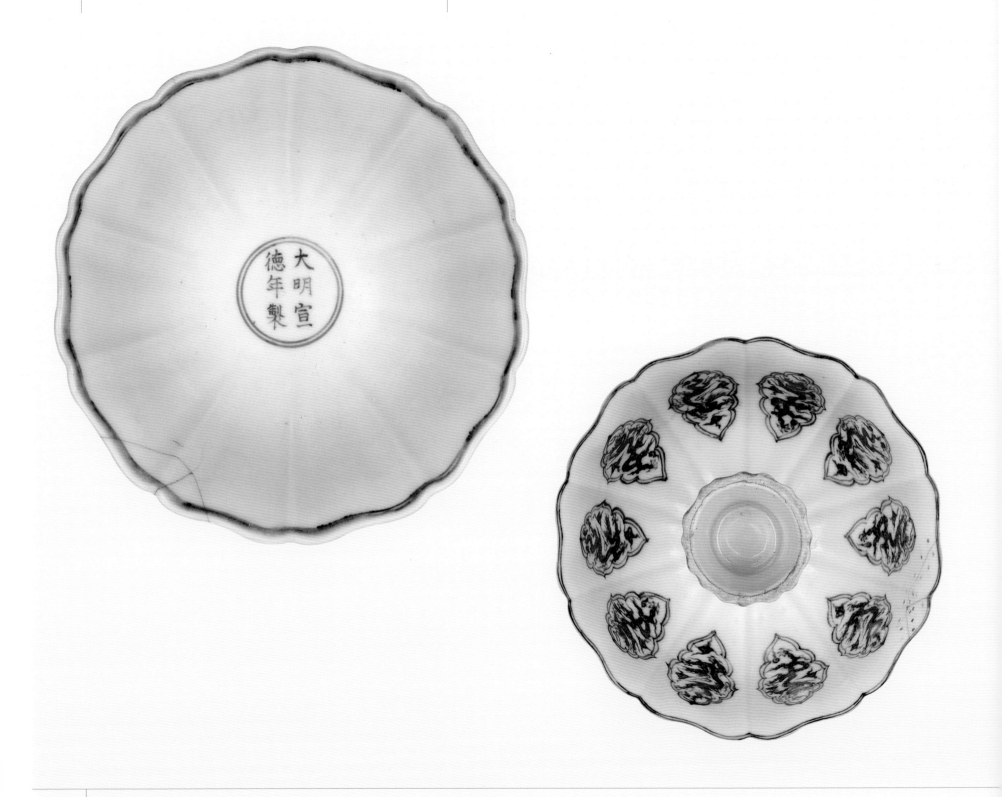

Blue and white bowl with high stem and design of dragon on reserved panels

Xuande Period, Ming Dynasty, Height 11.6cm　mouth diameter 16.9cm　foot diameter 4.5cm, Collected by the Palace Museum

41 青花团龙纹梨形执壶

明宣德
通高 13.5 厘米　口径 4 厘米　足径 5.7 厘米
故宫博物院藏

壶身梨形，呈十瓣棱式。敛口，短颈，溜肩，鼓腹，圈足微外撇。弯流，弧形柄，柄上端有一小圆系与盖边小圆系对应，应为系绳链所用。盖拱形，宝珠形钮。外壁以青花为饰。腹绘十组菱花式开光，其内各绘一组龙纹，相邻开光内的两组龙纹首尾相向。流和柄各绘卷草纹，口沿和圈足以弦纹装饰。足内青花双圈书"大明宣德年制"六字双行楷书款。

此壶为清宫旧藏。造型精巧奇特，构图简洁明快，颈部和肩部的留白与腹部的青花纹饰对比鲜明，相得益彰。

Blue and white pear-shaped pot with handle at one side and design of dragon on reserved panels
Xuande Period, Ming Dynasty, Overall height 13.5cm　mouth diameter 4cm　foot diameter 5.7cm, Collected by the Palace Museum

青花团龙凤纹洗

明宣德
高 3.6 厘米　口径 15.8 厘米　足径 12.5 厘米
故宫博物院藏

洗呈花口，浅壁，口至底渐敛，圈足。内外以青花为饰，足内白釉。里心及外壁绘团花式龙凤纹。

此洗为清宫旧藏。

Blue and white washer with design of medallion of dragon and phoenix
Xuande Period, Ming Dynasty, Height 3.6cm mouth diameter 15.8cm foot diameter 12.5cm, Collected by the Palace Museum

43 青花团凤纹洗

明宣德

高 4.5 厘米　口径 17.5 厘米　足径 14.2 厘米

故宫博物院藏

洗呈花口，壁向内斜，圈足。洗内外均以青花装饰，里心绘云凤纹，相对双凤飞于云中；外腹绘十组团形双凤纹。足内青花双圈内书"大明宣德年制"六字双行楷款。

此洗为清宫旧藏。

Blue and white washer with design of medallion of phoenix
Xuande Period, Ming Dynasty, Height 4.5cm mouth diameter 17.5cm foot diameter 14.2cm, Collected by the Palace Museum

44 | 青花团龙纹洗

明宣德

高 4.1 厘米　口径 18.4 厘米　足径 14.4 厘米

1993 年出土于御窑珠山

洗呈花口，浅腹略内收，圈足随壁形转折，底心微拱。外壁绘团龙十条，其升龙与降龙相间；内底心青花双圈内绘一降龙。足内青花双圈内书"大明宣德年制"六字双行楷书款。

Blue and white washer with design of medallion of dragon
Xuande Period, Ming Dynasty, Height 4.1cm mouth diameter 18.4cm foot diameter 14.4cm, Unearthed at Zhushan, Imperial Kiln in 1993

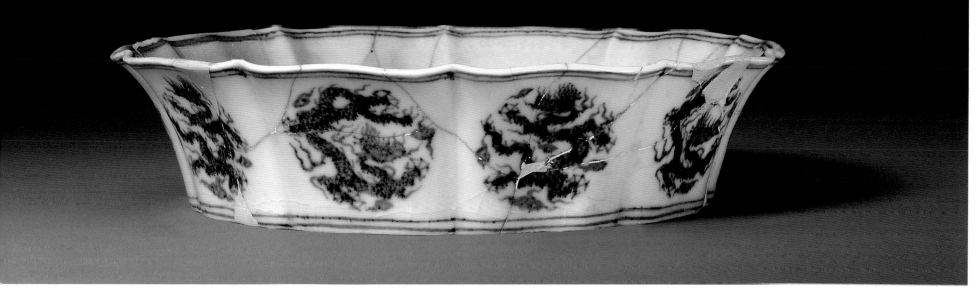

45 鲜红釉洗

明宣德
高 4.2 厘米　口径 15.5 厘米　足径 13 厘米
故宫博物院藏

洗呈花口，直壁，圈足。内外施鲜红釉，釉色浓艳。葵瓣和口沿处因釉水下流而呈现白色，葵瓣处类出筋效果，颇显雅致。足内白釉。

纯红釉瓷器创始于元代晚期，至明永乐年间成熟。宣德红釉与永乐红釉齐名，釉层肥润，呈色鲜红，釉面多有橘皮纹，口沿有整齐的"灯草边"，红白分明。器物以碗、盘、洗多见。宣德以后，红釉趋于衰落，历朝虽仍有少量制作，但成功者罕见。直到清康熙时才得以恢复。

此洗为清宫旧藏。

Bright red glazed washer
Xuande Period, Ming Dynasty, Height 4.2cm　mouth diameter 15.5cm　foot diameter 13cm, Collected by the Palace Museum

青花网格纹钵

明宣德

高 13 厘米　口径 16.2 厘米　足径 13 厘米

故宫博物院藏

钵口微撇，圆腹下垂，圈足。以青花为饰，内口沿绘点珠纹一周，腹部主题图案绘有网格纹和卷草纹，近底绘变形莲瓣一周。足内有青花双圈"大明宣德年制"六字双行楷书款。

此钵造型仿照阿拉伯地区黄铜鱼篓尊的式样烧造而成，纹饰也受外来影响，与众不同。

Blue and white alms bowl with design of grid lines
Xuande Period, Ming Dynasty, Height 13cm mouth diameter 16.2cm foot diameter 13cm, Collected by the Palace Museum

青花网格纹钵

明宣德

高 13 厘米　口径 16 厘米　腹径 22.4 厘米　足径 14.2 厘米

1993 年出土于御窑珠山

钵口微侈，鼓腹，圈足。通体施白釉，以青花为饰。内口沿饰点珠纹；外壁绘网格图案，中间穿插青花地白卷草纹，下部饰莲瓣一圈。底部书青花双圈"大明宣德年制"六字双行楷书款。

Blue and white alms bowl with design of grid lines
Xuande Period, Ming Dynasty, Height 13cm mouth diameter 16cm belly diameter 22.4cm foot diameter 14.2cm, Unearthed at Zhushan, Imperial Kiln in 1993

48

青花缠枝花卉纹钵

高 13.5 厘米　口径 16.7 厘米　足径 14.9 厘米
故宫博物院藏

钵直口，垂腹，圈足。通体以青花为饰，内口沿饰点珠纹；外腹部饰缠枝四季花卉纹，近足处饰双层莲瓣纹。足内青花双圈内书"大明宣德年制"六字双行楷书款。

此钵为清宫旧藏。

Blue and white alms bowl with design of interlocking flowers
Xuande Period, Ming Dynasty, Height 13.5cm mouth diameter 16.7cm foot diameter 14.9cm, Collected by the Palace Museum

青花龙纹钵

明宣德

高 13 厘米　口径 16 厘米　腹径 22.1 厘米　足径 14.3 厘米

1993 年出土于御窑珠山

钵口微侈，鼓腹，圈足。通体施白釉，以青花为饰。内口沿装饰点珠纹；外壁绘同向赶珠龙两条，下腹饰变形莲瓣纹一圈，器底书青花双圈"大明宣德年制"六字双行楷书款。

Blue and white alms bowl with design of dragon
Xuande Period, Ming Dynasty, Height 13cm mouth diameter 16cm belly diameter 22.1cm foot diameter 14.3cm, Unearthed at Zhushan, Imperial Kiln in 1993

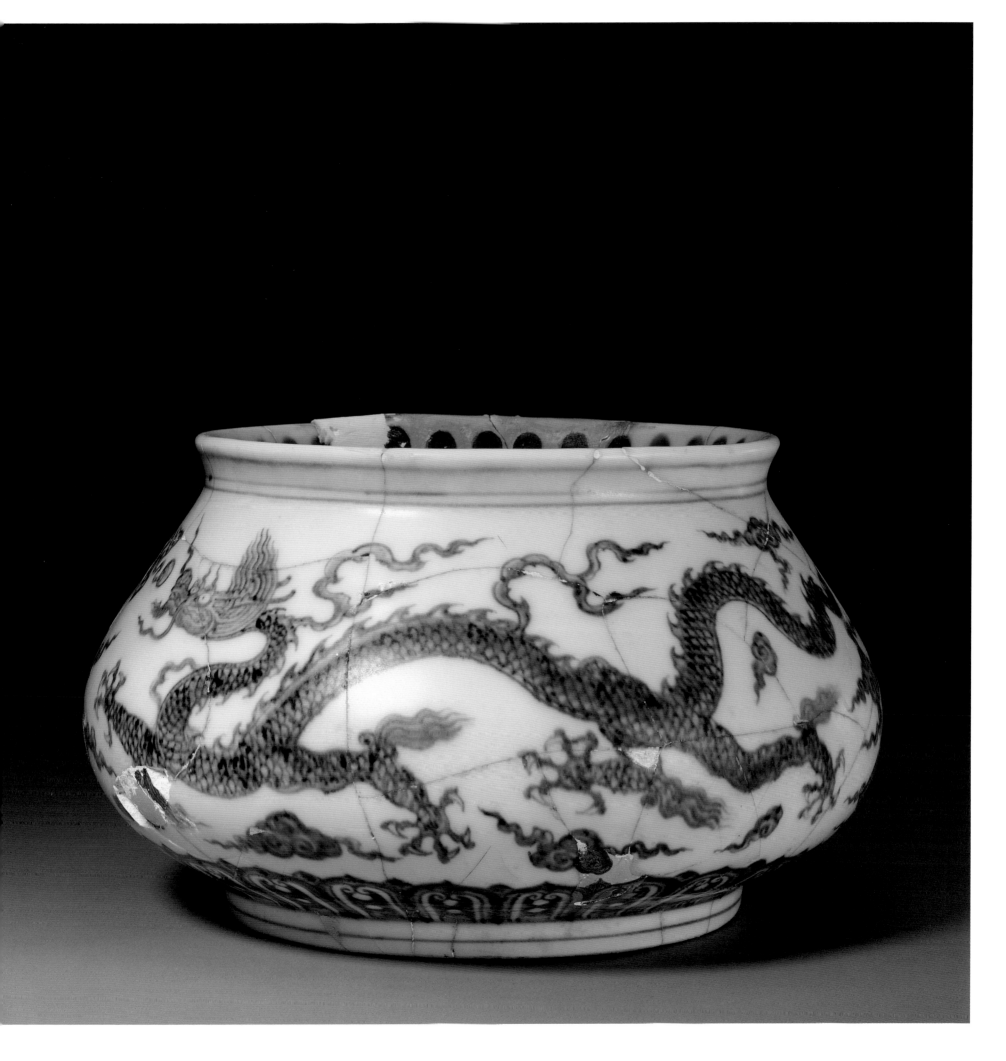

50

鲜红釉钵

明宣德

通高 18.2 厘米　口径 16.5 厘米　腹径 22.2 厘米　足径 14.5 厘米
1984 年出土于御窑珠山

钵口微侈，鼓腹，圈足。盖略大于口，宝珠顶。外施红釉，口沿处呈"灯草边"，内及足内均施白釉。

器物的口沿映出白色胎骨，是因为烧制时釉层在高温熔融状态下自然垂流，致使釉层变薄，显露出胎色，这种现象俗称"灯草边"。

此器造型仿自阿拉伯地区金属器。

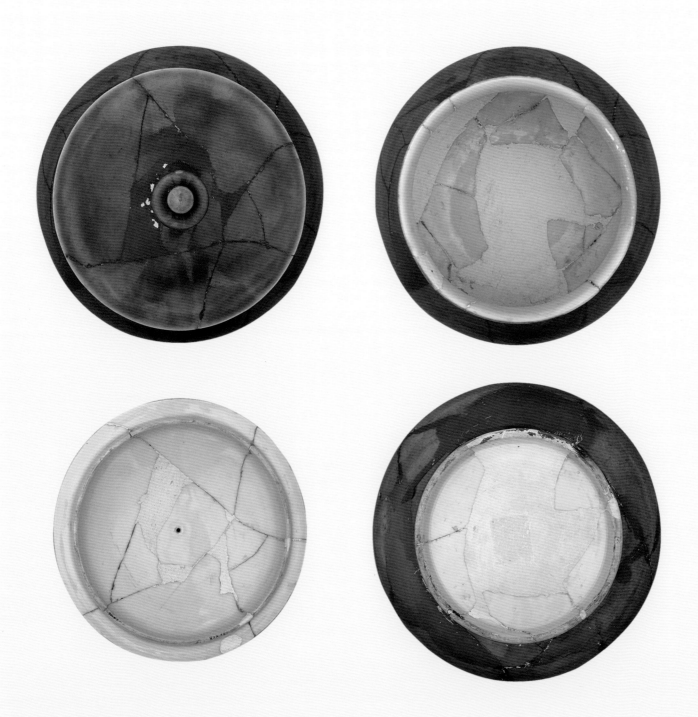

Bright red glazed alms bowl
Xuande Period, Ming Dynasty, Overall height 18.2cm mouth diameter 16.5cm belly diameter 22.2cm foot diameter 14.5cm, Unearthed at Zhushan, Imperial Kiln in 1984

51

青花缠枝花卉纹钵

明宣德

高 7.5 厘米　口径 7.2 厘米　底径 4 厘米

故宫博物院藏

钵敛口，鼓腹，平底内凹。通体以青花装饰，里心双圈内饰折枝菊纹，外口沿下饰缠枝荷莲纹，腹饰缠枝花卉纹，下饰变形莲瓣纹和卷草纹。肩下青花书"大明宣德年制"六字楷书横款。

此钵为清宫旧藏。造型线条圆润，青花色调艳丽，纹饰疏密有致，层次清晰。

Blue and white alms bowl with design of interlocking flowers
Xuande Period, Ming Dynasty, Height 7.5cm mouth diameter 7.2cm bottom diameter 4cm, Collected by the Palace Museum

青花云龙纹钵

明宣德
高 12 厘米 口径 26.5 厘米 足径 12.6 厘米
故宫博物院藏

钵敞口，弧腹，浅宽圈足。砂底无釉，通体以青花为饰。外口沿饰海水纹，外壁绘云龙纹，近底绘变形莲瓣纹。里心青花双圈内书"大明宣德年制"六字双行楷书款。

Blue and white alms bowl with design of cloud and dragon
Xuande Period, Ming Dynasty, Height 12cm mouth diameter 26.5cm foot diameter 12.6cm, Collected by the Palace Museum

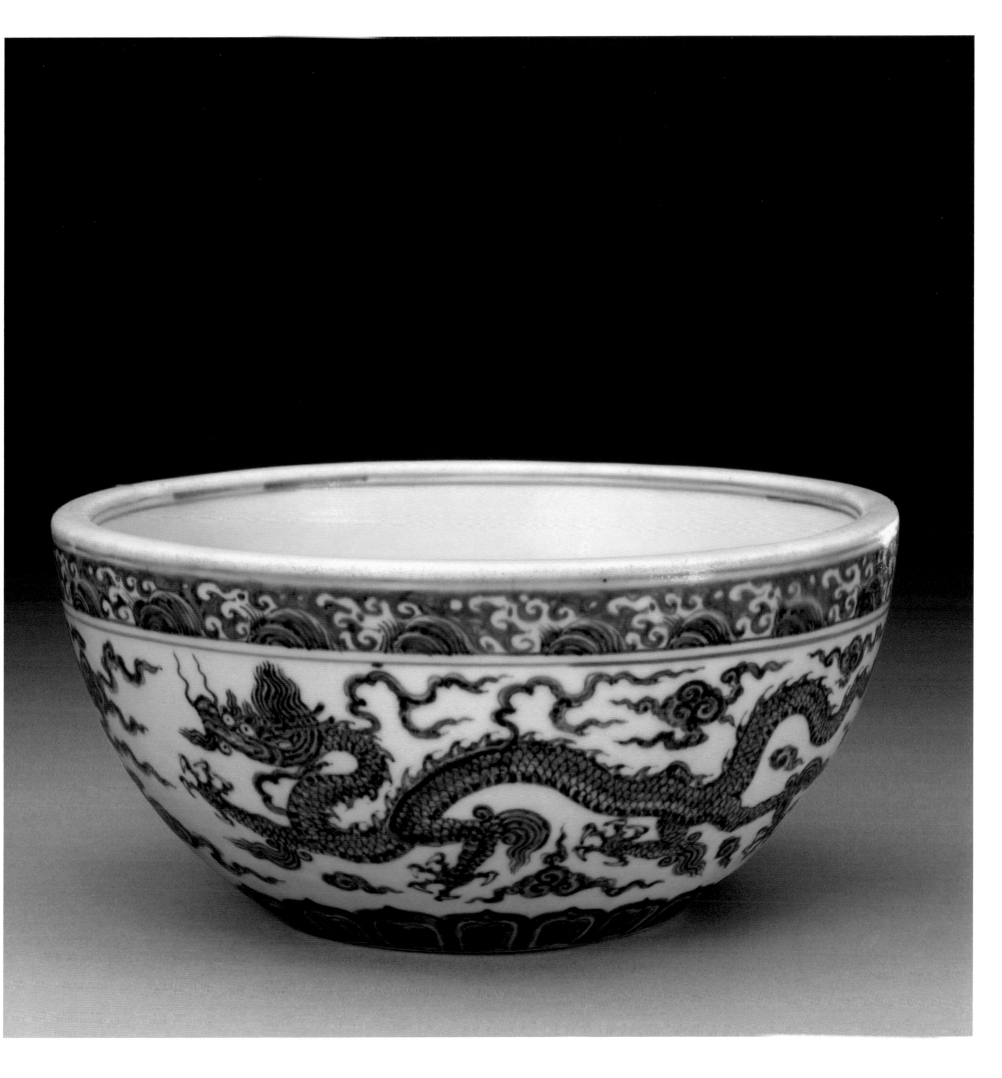

53

青花云龙纹钵

明宣德

高 13 厘米　口径 26.2 厘米　足径 12.4 厘米

1983 年出土于御窑珠山

钵敞口，弧腹，宽浅圈足。厚壁。内外施白釉，底足无釉。外口沿饰一周海水纹，腹部绘两条云龙，下饰变形莲瓣。里心青花双圈书"大明宣德年制"六字双行楷书款。

Blue and white alms bowl with design of cloud and dragon
Xuande Period, Ming Dynasty, Height 13cm mouth diameter 26.2cm foot diameter 12.4cm, Unearthed at Zhushan, Imperial Kiln in 1983

青花云龙纹钵

明宣德

高 13.1 厘米　口径 26.1 厘米　足径 12 厘米

1983 年出土于御窑珠山

钵敞口，弧腹，平底。内涩胎，外施釉，底无釉。外口沿饰一周海水纹，腹部绘两条云龙，下饰变形莲瓣。肩下青花书"大明宣德年制"六字楷书横款。

此器壁厚，内涩胎，当为研钵。

Blue and white alms bowl with design of cloud and dragon
Xuande Period, Ming Dynasty, Height 13.1cm mouth diameter 26.1cm foot diameter 12cm, Unearthed at Zhushan, Imperial Kiln in 1983

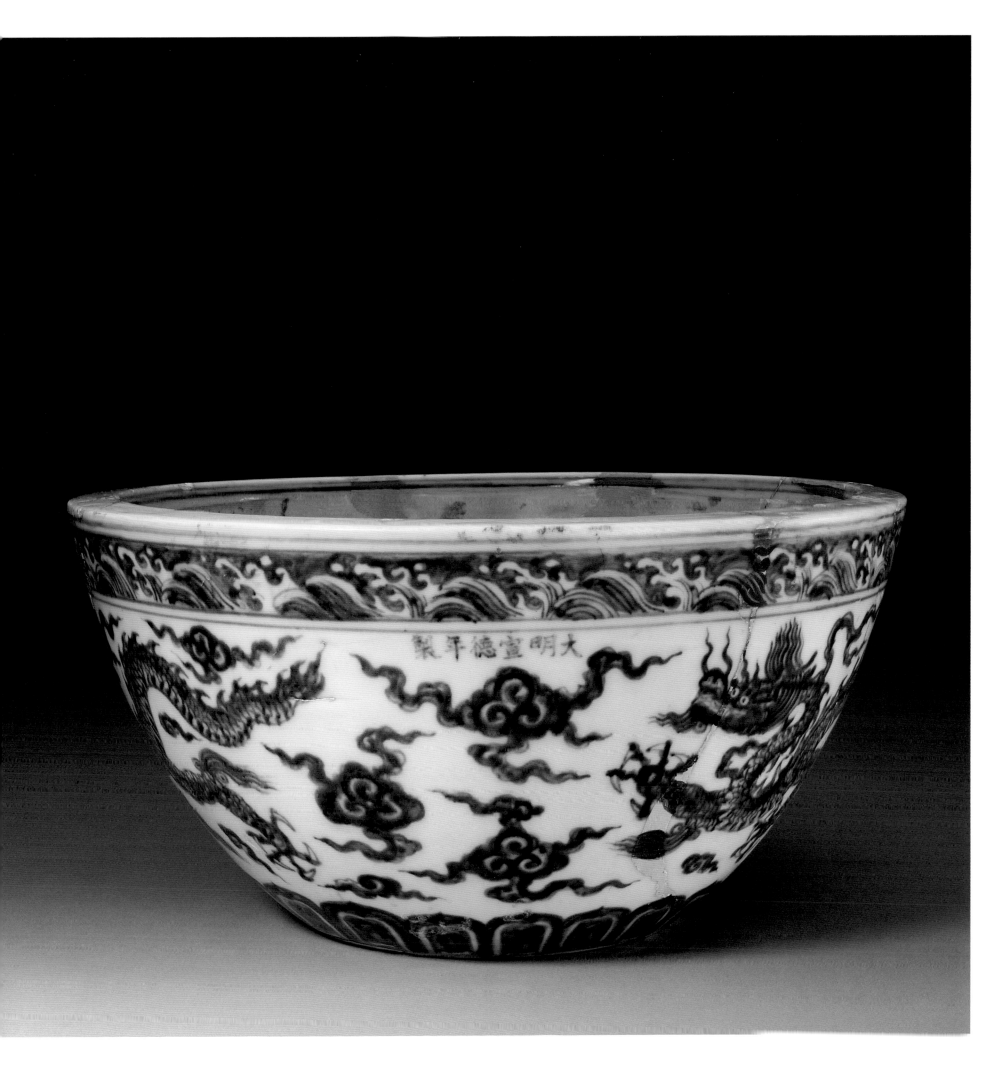

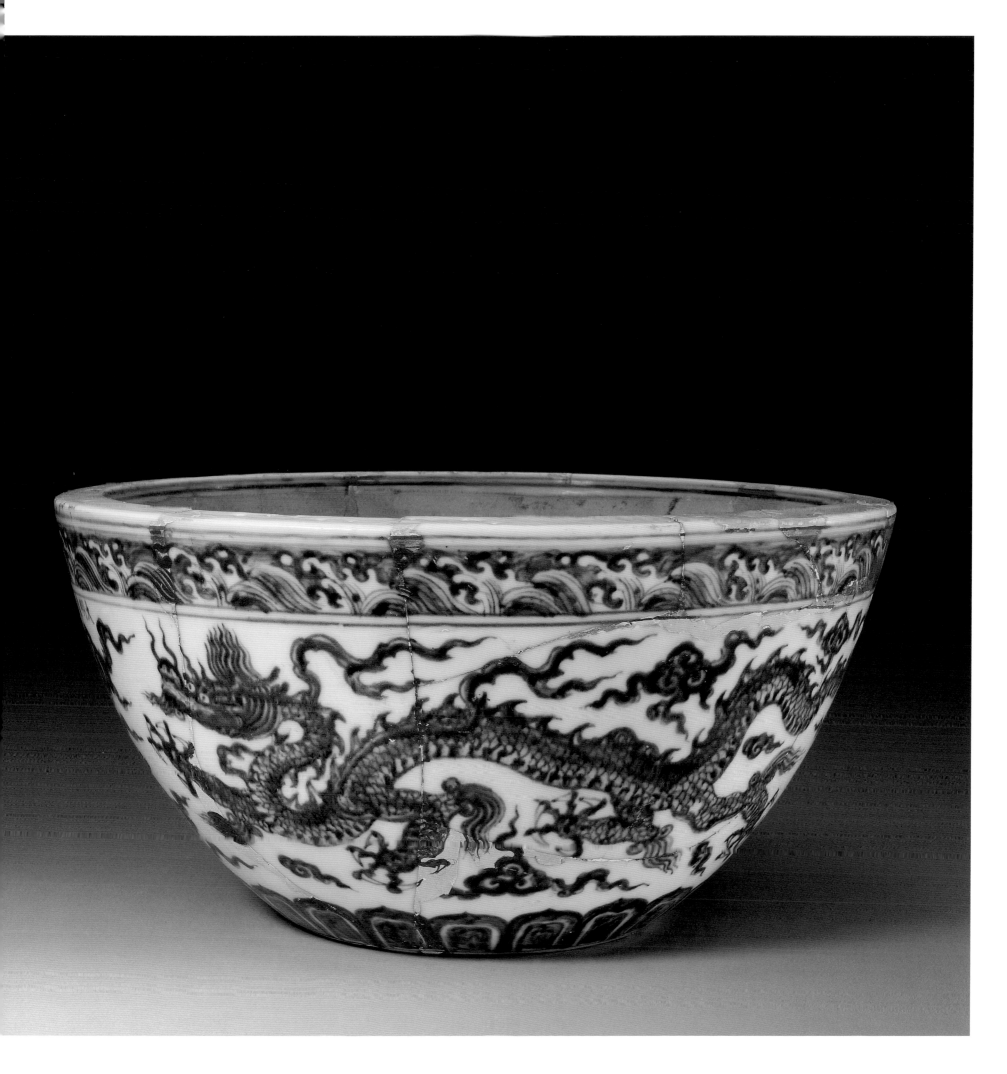

55

洒蓝釉刻龙纹钵

明宣德

高 13 厘米 口径 26.4 厘米 足径 13.2 厘米

1983 年出土于御窑珠山

钵口微敛，弧腹，浅圈足。内施白釉，外施洒蓝釉，底足无釉。外口沿刻海水纹，腹刻两条云龙，下部刻莲瓣纹。底心青花双圈内书"大明宣德年制"六字双行楷书款。

洒蓝以钴为着色剂，蓝中夹以白色小斑块，分布自然，有如雪片挥洒在蓝釉上，又名"雪花蓝"。创烧于宣德时期。

Snow-flake blue glazed alms bowl with incised dragon design
Xuande Period, Ming Dynasty, Height 13cm mouth diameter 26.4cm foot diameter 13.2cm, Unearthed at Zhushan, Imperial Kiln in 1983

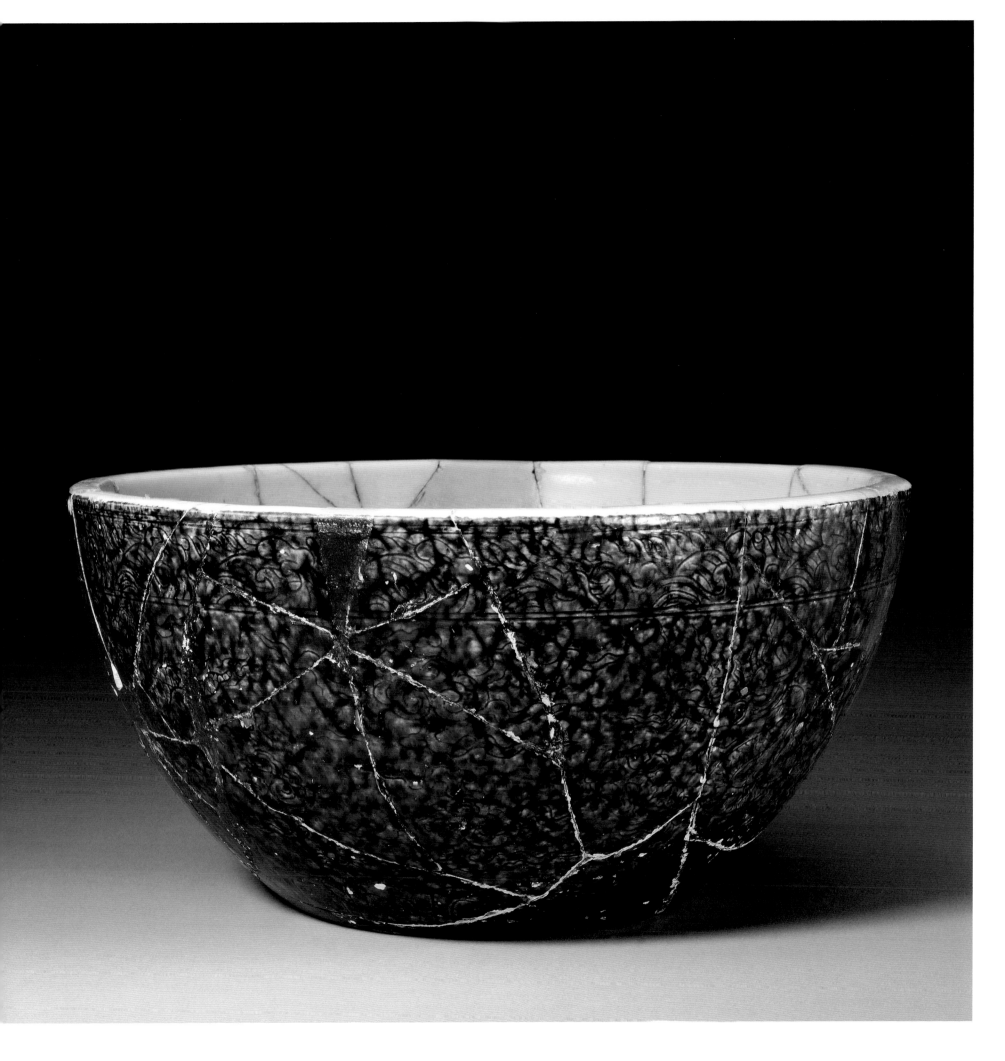

56 青花阿拉伯式花纹绶带耳葫芦扁瓶

明宣德

高 29.5 厘米　口径 3.2 厘米　腹横 20.4 厘米　足横 6.5 厘米

1982 年出土于御窑珠山

瓶口鼓起，细颈，颈中部收束，身扁圆形，两侧各一弧形小耳，长方形矮圈足。壶口上部书青花"大明宣德年制"六字横款，下饰缠枝花卉，双耳外侧饰菊纹。腹两面绘阿拉伯式花纹。

Blue and white flat pot with two handles and Arabian patterns
Xuande Period, Ming Dynasty, Height 29.5cm　mouth diameter 3.2cm length of belly 20.4cm length of foot 6.5cm, Unearthed at Zhushan, Imperial Kiln in 1982

57 青花折枝花果纹碗

明宣德
高 8 厘米　口径 22.4 厘米　足径 7.3 厘米
故宫博物院藏

碗花口，斜壁内收，圈足。通体以青花装饰，口沿内外饰双弦纹，里心饰折枝桃纹，里壁饰四季花卉纹，里口饰折枝花果纹；外壁饰折枝花果纹，足墙饰卷草纹。足内青花双圈内书"大明宣德年制"六字双行楷书款。

此碗为清宫旧藏。造型秀美，胎体轻薄，纹饰疏朗，是宣德官窑流行碗式之一，清代康熙、雍正时期的官窑亦多有仿制。

Blue and white bowl with design of disconnected sprays of flowers and fruits
Xuande Period, Ming Dynasty, Height 8cm　mouth diameter 22.4cm　foot diameter 7.3cm, Collected by the Palace Museum

58

青花折枝花卉纹合碗

明宣德

高 7.8 厘米　口径 17.4 厘米　足径 9.7 厘米

故宫博物院藏

碗侈口，圆腹，腹下内折，圈足。足内施白釉，内外以青花装饰，口沿内外均饰双弦纹，外腹部为六组折枝花纹，近足处绘莲瓣纹。里心青花双圈内书"大明宣德年制"六字双行楷书款。

此合碗为清宫旧藏。

Blue and white bowl with fitted cover and design of disconnected sprays of flowers

Xuande Period, Ming Dynasty, Height 7.8cm　mouth diameter 17.4cm　foot diameter 9.7cm, Collected by the Palace Museum

青花灵芝纹石榴尊

明宣德

高 19 厘米　口径 6.9 厘米　足径 9.7 厘米

故宫博物院藏

尊六瓣瓜棱式，敞口，折沿，阔颈，溜肩，鼓腹下敛，胫部外撇，台阶式高圈足。外壁以青花装饰，折沿饰变形莲瓣纹，外壁沿棱线饰竖线纹将纹饰自然分为六组，颈饰三连圆钱纹，肩饰变形莲瓣纹，腹饰灵芝纹，下腹和胫部饰仰、覆变形莲瓣纹。足内青花双圈书"大明宣德年制"六字双行楷书款。

此石榴尊为清宫旧藏。造型模仿石榴的形象，构思巧妙，为宣德官窑新创造型。

Blue and white pomegranate-shaped Zun vase with design of Lingzhi fungus
Xuande Period, Ming Dynasty, Height 19cm　mouth diameter 6.9cm　foot diameter 9.7cm, Collected by the Palace Museum

60 青花穿花龙纹尊

明宣德

高 13.9 厘米　口径 16.3 厘米　足径 12 厘米

故宫博物院藏

尊广口外侈，鼓腹，圈足外撇。内施白釉，外青花为饰。颈及足墙各绘海水纹，腹绘双龙穿行于莲花间。足内青花双圈内书"大明宣德年制"六字双行楷书款。

此尊为清宫旧藏。造型从渣斗发展而来，腹部纹饰着力于表现龙和莲花在波浪涌动下的飘逸状态，十分生动。

Blue and white Zun vase with design of dragon among flowers
Xuande Period, Ming Dynasty, Height 13.9cm mouth diameter 16.3cm foot diameter 12cm, Collected by the Palace Museum

61 | 青花龙纹梅瓶

明宣德

高 54.4 厘米　口径 8.4 厘米　足径 16 厘米

1984 年出土于御窑珠山

瓶圆唇小口，束短颈，弧圆肩，鼓腹，下腹内收，宽浅圈足。砂底。内外壁均施白釉。外壁以青花为饰，腹部绘细颈衔芝龙一条，龙四爪独角，尾部作卷草式。肩部与下腹分别饰覆、仰变形莲瓣纹。肩部以青料书"大明宣德年制"六字楷书横款。

Blue and white prunus vase with design of dragon
Xuande Period, Ming Dynasty, Height 54.4cm　mouth diameter 8.4cm　foot diameter 16cm, Unearthed at Zhushan, Imperial Kiln in 1984

青釉带座梅瓶

明宣德

通高 43.1 厘米　口径 5.8 厘米　足径 11.3 厘米

1993 年 3 月出土于御窑珠山

瓶圆唇，侈口，短颈收束，圆肩，下腹内收，圈足。珠顶盖，盖内一短管，以固定瓶盖。瓶座中空，唇口，短颈，圆肩，足外撇。器与座通体施青釉。座颈部有镂空装饰，壁为镂空云肩纹。元代龙泉窑产品中有同类器。

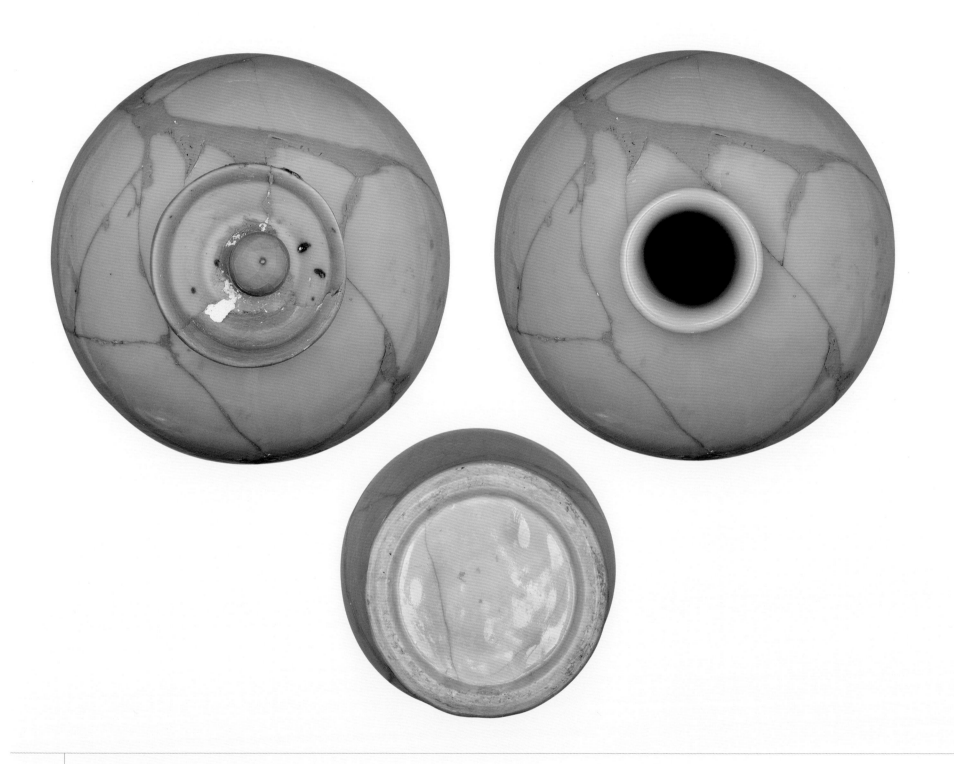

Green glazed prunus vase with base

Xuande Period, Ming Dynasty, Overall height 43.1cm mouth diameter 5.8cm foot diameter 11.3cm, Unearthed at Zhushan, Imperial Kiln in March 1993

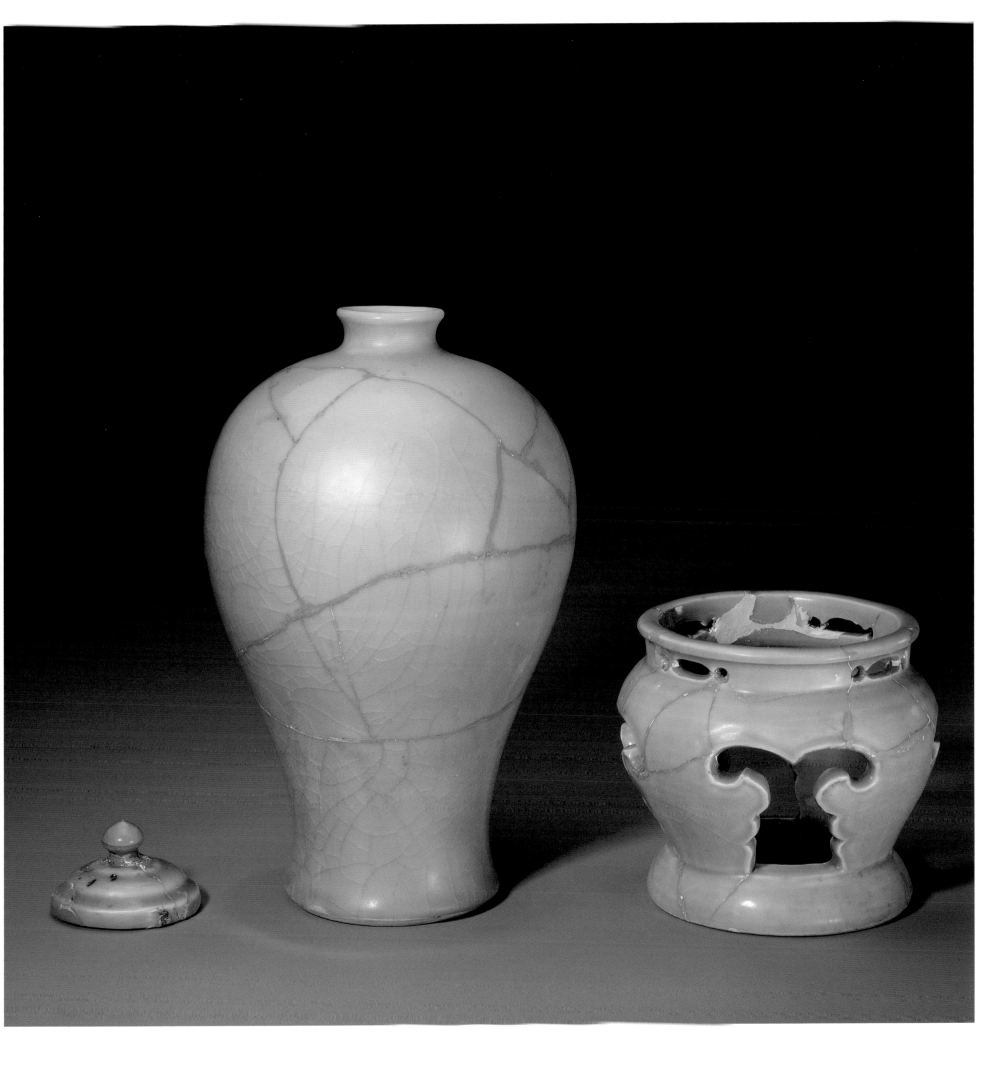

63 白釉带座梅瓶

明宣德

通高 45.5 厘米　口径 6.5 厘米　足径 12.2 厘米

1993 年 3 月出土于御窑珠山

瓶圆唇，侈口，短颈收束，圆肩，下腹内收，圈足。珠顶盖，盖内一短管，以固定瓶盖。瓶座中空，唇口，短颈，圆肩，足外撇。器与座通体施白釉，有乳浊感，与元代枢府釉相似。足底无釉，呈滑底。

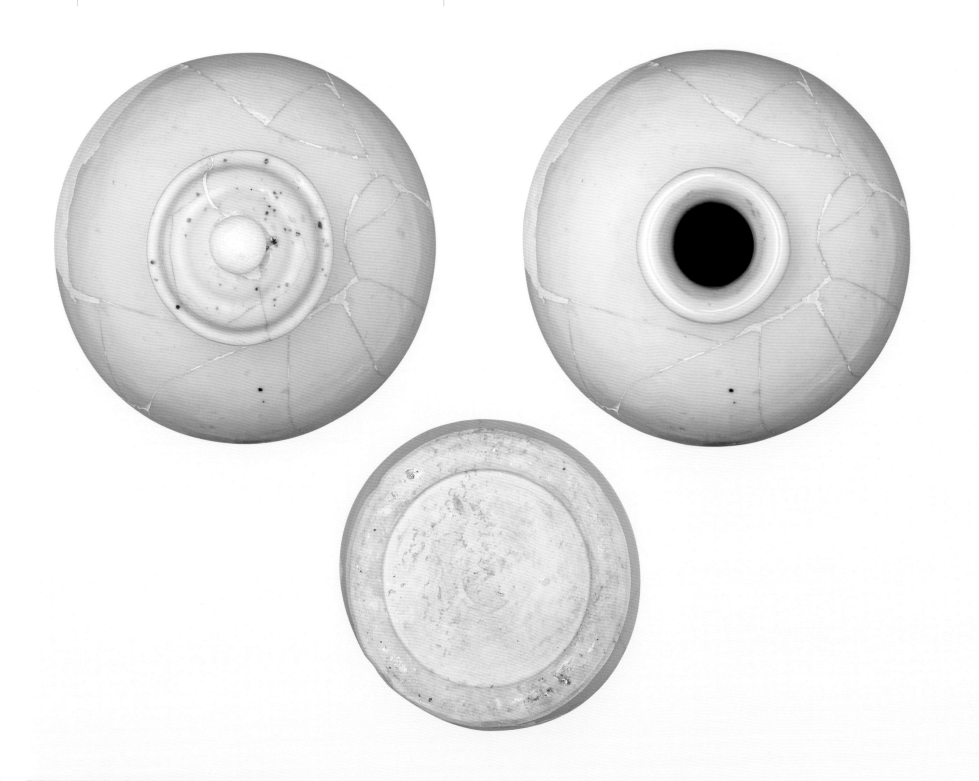

White glazed prunus vase with base

Xuande Period, Ming Dynasty, Overall height 45.5cm　mouth diameter 6.5cm　foot diameter 12.2cm, Unearthed at Zhushan, Imperial Kiln in March 1993

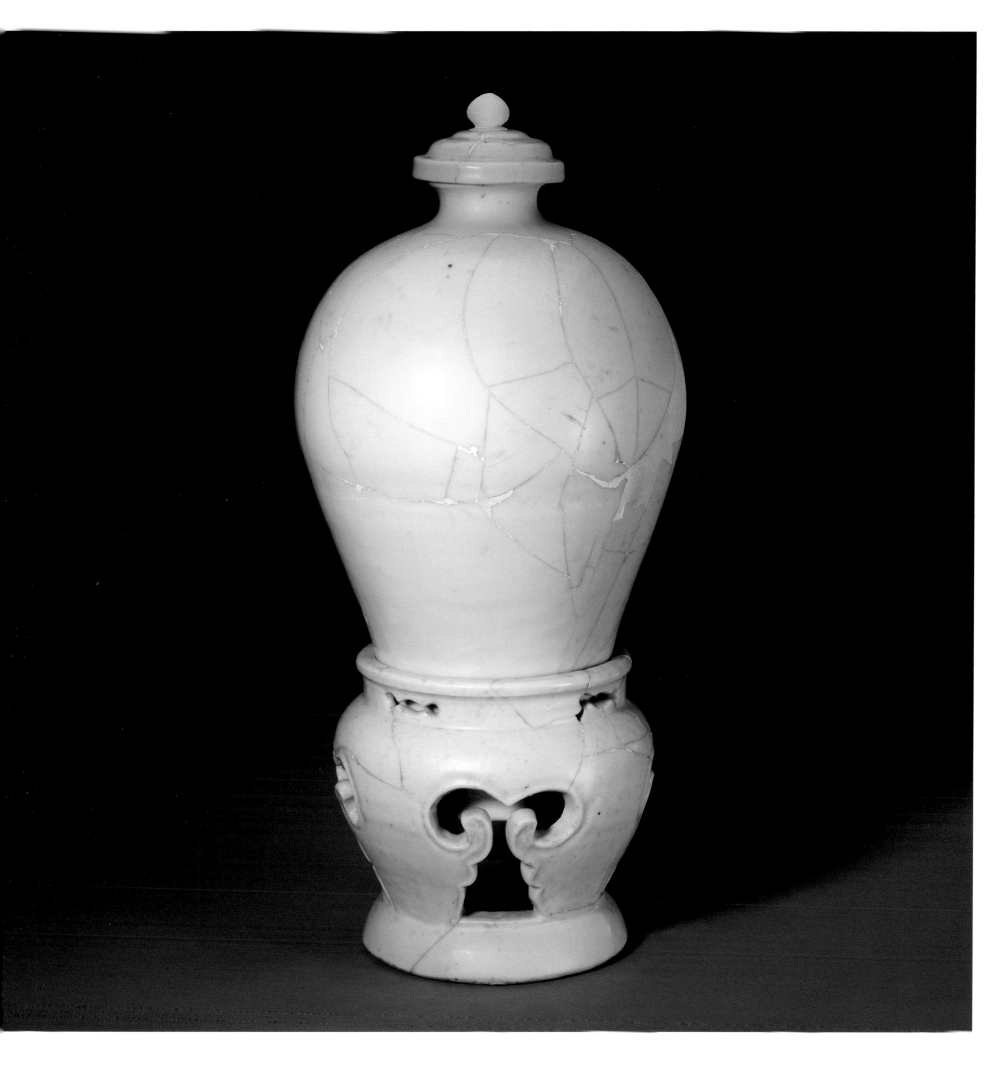

64

鲜红釉刻海水云龙纹梅瓶

明宣德

通高 38.8 厘米　口径 6.4 厘米　腹径 23.2 厘米　足径 15.8 厘米

1988 年出土于御窑珠山

瓶唇口，束颈，圆肩，下腹略内收，圈足。盖为钟形，盖内有一管状物，以固定瓶盖。外施红釉，内施白釉，足内亦施白釉。身绕刻火珠五爪云龙一条，下为海水江崖纹，盖面锥刻变形莲瓣纹一周。底青花双圈内书"大明宣德年制"六字双行楷书款。

宋代梅瓶，器体高且偏瘦，肩部下斜，多呈橄榄形。元代器体多丰肩长腹，腹下部收束，因而宋、元器造型显得挺拔、俏丽。明代梅瓶器体一般偏矮，肩部向上抬起，线条饱满有力，腹部之下呈斜直状，显得雄健敦厚。此器造型为典型明代式样。宣德时期红釉器多小件器物，少见大器，故此器十分珍贵。

Bright red glazed prunus vase with incised design of dragons among waves
Xuande Period, Ming Dynasty, Overall height 38.8cm　mouth diameter 6.4cm　belly diameter 23.2cm, foot diameter 15.8cm, Unearthed at Zhushan, Imperial Kiln in 1988

65

瓜皮绿釉刻海水云龙纹梅瓶

明宣德

高 32.7 厘米　口径 6.2 厘米　腹径 23.2 厘米　足径 15.5 厘米
1984 年出土于御窑珠山

瓶唇口，束颈，圆肩，下腹略内收，圈足。通体施瓜皮绿釉，剥落严重，底施白釉。外壁刻海水云龙纹。

瓜皮绿釉是一种以铜为着色剂的低温釉，因其色泽如西瓜皮，故名。过去认为该釉出现于明中晚期，此器的出土证实瓜皮绿釉早在宣德时期已经出现。

Cucumber green glazed prunus vase with incised design of dragon among waves
Xuande Period, Ming Dynasty, Height 32.7cm mouth diameter 6.2cm belly diameter 23.2cm foot diameter 15.5cm, Unearthed at Zhushan, Imperial Kiln in 1984

66

青花花卉纹执壶

明宣德

高 32.3 厘米　口径 7.4 厘米　足径 11.5 厘米

故宫博物院藏

壶圆唇口，长直颈，颈一侧有扁方形流，一侧有如意形宽带式曲柄，圆肩，肩以下渐敛，深腹，圈足。足内白釉，外壁以青花为饰，颈部、腹部主题纹饰为花卉纹，肩部绘变形莲瓣纹，肩下饰卷枝纹，足墙饰卷草纹，柄饰折枝花卉纹。

此执壶为清宫旧藏。造型源自阿拉伯金属器，壶流方口，上部平直，较为独特。

Blue and white pot with handle at one side and design of flowers
Xuande Period, Ming Dynasty, Height 32.3cm　mouth diameter 7.4cm　foot diameter 11.5cm, Collected by the Palace Museum

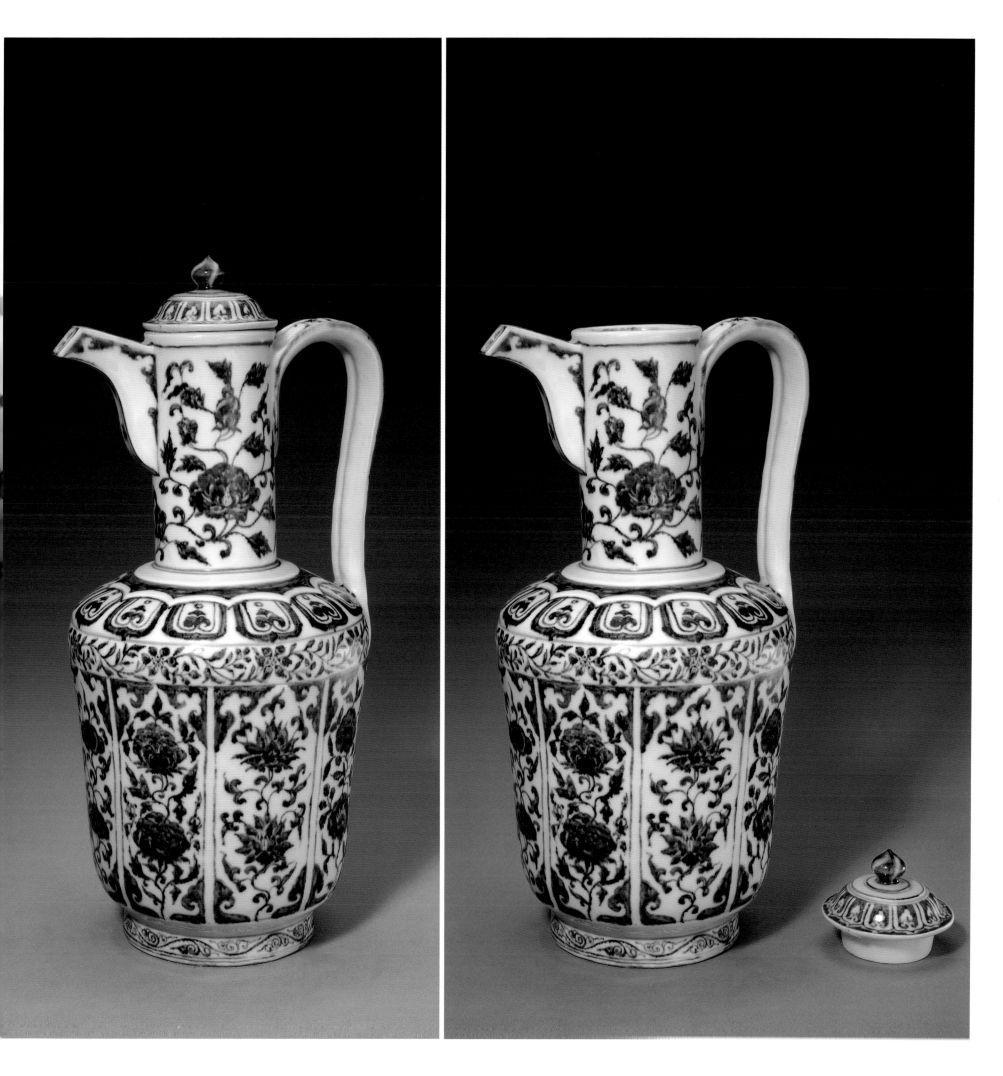

67

青花缠枝花卉纹执壶

明宣德

高 33.5 厘米　口径 7.1 厘米　腹径 17.5 厘米　足径 10.5 厘米

1984 年出土于御窑珠山

壶直颈，丰肩，长腹，圈足。短流，方口，流口为一葫芦形小孔，弧柄，两端为云头式。通体施釉，以青花为饰。外壁颈部绘剪秋萝花纹，腹绘缠枝四季花卉，口沿、肩部及足壁分别饰以回纹、变形莲瓣纹与卷草纹。足内青花双圈内书"大明宣德年制"六字双行楷书款。

Blue and white pot with handle at one side and design of interlocking flowers
Xuande Period, Ming Dynasty, Height 33.5cm mouth diameter 7.1cm belly diameter 17.5cm foot diameter 10.5cm, Unearthed at Zhushan, Imperial Kiln in 1984

68

青花缠枝莲纹执壶

明宣德

通高 15.3 厘米　口径 4.8 厘米　足径 7.7 厘米

故宫博物院藏

壶直口，圆腹，圈足外撇。弯流，流、颈间连以云形横板，弧形柄。盖折沿，宝珠钮。通体青花纹饰，肩及足上饰覆、仰变形莲瓣纹，腹饰缠枝莲纹，柄饰卷草纹，盖面饰折枝花纹。流正面青花双框内书"大明宣德年制"六字楷书鉴款。

此执壶为清宫旧藏。为宣德时期的典型器物，风格朴实自然。

Blue and white pot with handle at one side and design of interlocking lotus
Xuande Period, Ming Dynasty, Overall height 15.3cm　mouth diameter 4.8cm　foot diameter 7.7cm, Collected by the Palace Museum

青花缠枝牡丹纹军持

明宣德

高 21.7 厘米　口径 6.6 厘米　足径 9.2 厘米

1993 年出土于御窑珠山

军持盘口，细颈，鼓腹，流细长且直，呈四棱形，腹下部起棱一圈，下呈金钟式高足。通体施釉，以青花为饰。口与流饰缠枝花卉纹，腹绘缠枝牡丹纹，下腹部饰一圈小白花，棱线下绘莲瓣纹；足部采用青花混水绘云纹，下部饰小朵花纹。颈部青花书"大明宣德年制"六字楷书横款。

Blue and white kendi with design of interlocking peonies
Xuande Period, Ming Dynasty, Height 21.7cm　mouth diameter 6.6cm　foot diameter 9.2cm, Unearthed at Zhushan, Imperial Kiln in 1993

70

青花缠枝牡丹纹梨形执壶

明宣德
通高 13.5 厘米　口径 3.8 厘米　足径 5.9 厘米
故宫博物院藏

壶身呈梨形，直口，溜肩，鼓腹，圈足较高微外撇。弯流和弧柄分据壶身两侧，柄上端为一圆形系，与盖边圆系对应。壶盖拱顶，宝珠形钮。通体以青花为饰。壶盖饰覆变形莲瓣纹。壶身绘大朵缠枝牡丹纹。流、柄、足墙各绘卷草纹。足内青花双圈书"大明宣德年制"六字双行楷书款。

Blue and white pear-shaped pot with handle at one side and design of interlocking peony
Xuande Period, Ming Dynasty, Overall height 13.5cm　mouth diameter 3.8cm　foot diameter 5.9cm, Collected by the Palace Museum

71 | 黄釉梨形执壶

明宣德
高 12.9 厘米　口径 4 厘米　足径 5.7 厘米
1993 年出土于御窑珠山

壶身呈梨形，高圈足外撇。失盖、细长流弯，弧柄，上端有一小环形系，应与盖沿小系相对。外施低温黄釉，内与足底施白釉。

黄釉是以适量的铁为着色剂，在氧化气氛中（温度 800℃）烧成，故称"铁黄"。瓷器上使用黄釉始于宣德官窑。此器为宣德朝创新品种。由于该釉是用浇釉法上釉，故又称"浇黄"，又因色泽淡雅娇艳，也称"娇黄"。

Yellow glazed pear-shaped pot with handle at one side
Xuande Period, Ming Dynasty, Height 12.9cm mouth diameter 4cm foot diameter 5.7cm, Unearthed at Zhushan, Imperial Kiln in 1993

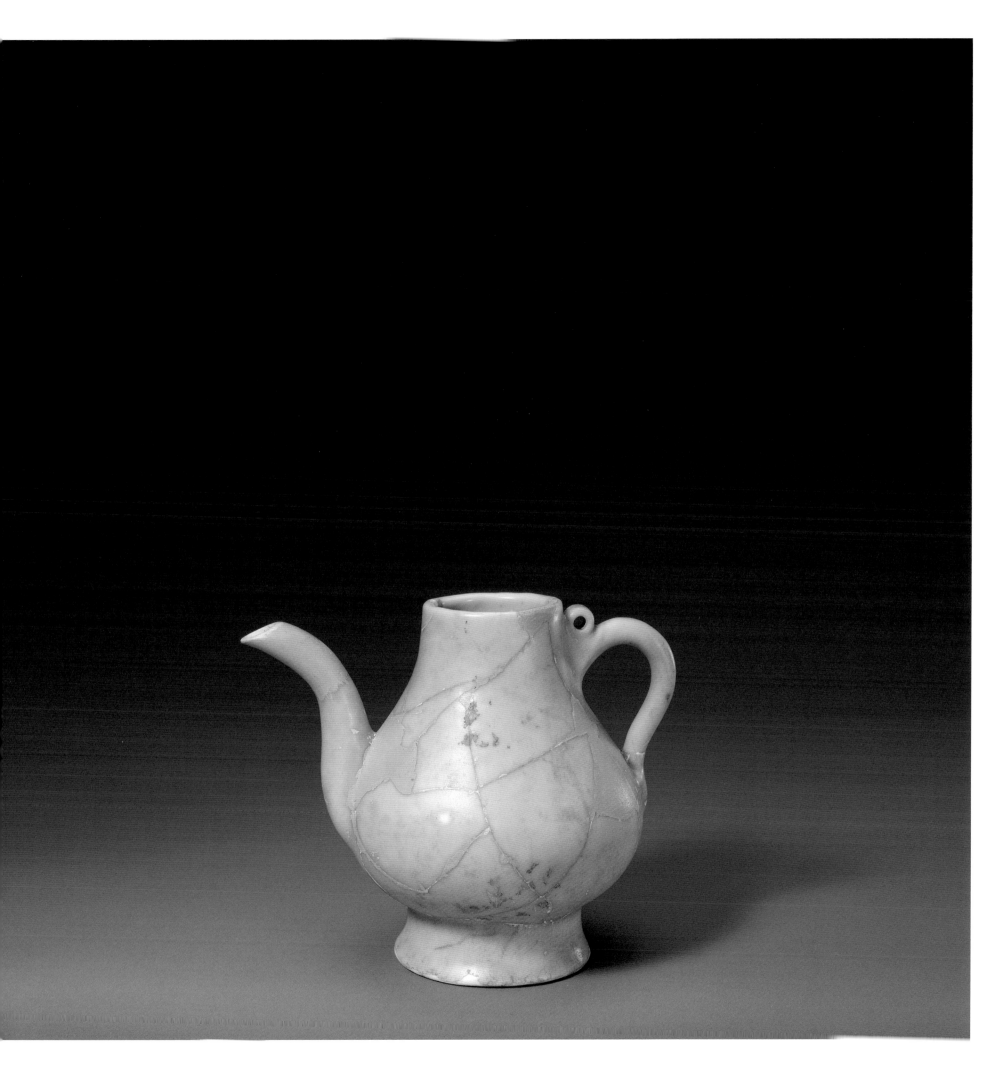

青花缠枝花卉纹花浇

明宣德

高 13 厘米　口径 7.9 厘米　底径 5.2 厘米

故宫博物院藏

花浇直口，直颈，溜肩，颈肩部一侧安如意形执柄，圆腹下垂，底内凹。砂底无釉。外壁以青花为饰，颈部绘花瓣纹，肩部绘回纹，腹部饰缠枝花纹，近底饰卷草纹。上腹部青花自右至左横书"大明宣德年制"六字楷书款。

此花浇为清宫旧藏。造型仿伊斯兰地区金属器。青花发色深沉，深处呈现黑色结晶斑。颈、肩部纹饰笔法不甚精细。款识书于上腹部，体现出"宣德款识遍器身"的特点。

Blue and white pot for watering plants with design of interlocking flowers
Xuande Period, Ming Dynasty, Height 13cm　mouth diameter 7.9cm　bottom diameter 5.2cm, Collected by the Palace Museum

73 | 青花缠枝花卉纹花浇

明宣德

高 13.1 厘米　口径 7.5 厘米　底径 4.5 厘米

故宫博物院藏

花浇直口，长颈，溜肩，圆腹，底内凹。一侧口肩相交处有如意形柄。以青花为饰，颈饰变形莲瓣纹，腹部主题纹饰绘缠枝花卉纹，上下衬以变形莲瓣纹边饰。肩下青花自右至左横书"大明宣德年制"六字楷书款。

此花浇为清宫旧藏。从造型上看也是仿照阿拉伯地区铜器式样烧造而成，纹饰也受外来影响，新颖别致。另外，这种花浇在清代乾隆年间也有仿烧。

Blue and white pot for watering plants with design of interlocking flowers
Xuande Period, Ming Dynasty, Height 13.1cm mouth diameter 7.5cm bottom diameter 4.5cm, Collected by the Palace Museum

74

青花缠枝花卉纹花浇

明宣德
高 13.5 厘米　口径 7.5 厘米　腹径 12 厘米　底径 4.1 厘米
1988 年出土于御窑珠山

花浇直口，鼓腹，卧足。单把中起一棱，颈间相接处起一圈凸棱。通体施釉，足内无釉。以青花为饰，口沿边缘饰点珠纹，颈饰变形仰莲瓣纹，腹绘青花缠枝四季花卉，上下分别绘变形覆、仰莲瓣纹，单把外壁饰卷草纹。

此器为永乐、宣德时期御窑习见造型。

Blue and white pot for watering plants with design of interlocking flowers
Xuande Period, Ming Dynasty, Height 13.5cm mouth diameter 7.5cm belly diameter 12cm bottom diameter 4.1cm, Unearthed at Zhushan, Imperial Kiln in 1988

75

青花缠枝莲纹罐

明宣德

通高 19 厘米　口径 17 厘米　足径 15.7 厘米

故宫博物院藏

罐敞口，束颈，圆腹，圈足。上附盖，宝珠形钮。外壁以青花装饰，颈部绘朵花纹，颈下及近足处为覆、仰变形莲瓣纹，腹部主题纹饰为六组缠枝莲花纹，盖面同样为缠枝莲及变形莲瓣纹，但有所简化。足内青花双圈内书"大明宣德年制"六字双行楷书款。

此罐为清宫旧藏。

Blue and white jar with design of interlocking lotus
Xuande Period, Ming Dynasty, Overall height 19cm　mouth diameter 17cm　foot diameter 15.7cm, Collected by the Palace Museum

青花缠枝花卉纹罐

明宣德

高 44.5 厘米　口径 31 厘米　底径 32 厘米

故宫博物院藏

罐直口，短直颈，丰肩，深腹内敛，平底。外壁满饰青花纹饰。颈部绘一周卷草纹，肩部和近足处各饰一周覆、仰变形莲瓣纹。腹部饰缠枝花卉，有牡丹、菊花等。肩部莲瓣纹下青花横书"大明宣德年制"六字楷书款。

此罐形体硕大，青花发色浓艳，所绘花卉高雅大气，为宣德青花瓷器的代表之作。

Blue and white jar with design of interlocking flowers
Xuande Period, Ming Dynasty, Height 44.5cm mouth diameter 31cm bottom diameter 32cm, Collected by the Palace Museum

77

青花缠枝茶菊纹大罐

明宣德

通高 60 厘米　口径 30.6 厘米　腹径 51.4 厘米　足径 30 厘米

1993 年出土于御窑珠山

罐直口，圆肩，下腹内收，宽浅圈足，钵形盖，莲蕾状珠顶中空。火石红底。内外均施釉。盖面绘缠枝宝相花纹。颈饰卷草纹，肩与下腹分别饰覆、仰变形莲瓣纹，外壁青花绘缠枝茶、菊纹两组，肩部书"大明宣德年制"六字楷书横款。珠顶内刻有一"黄"字，可能为工匠姓氏。

Blue and white large jar with design of interlocking camellia and chrysanthemum
Xuande Period, Ming Dynasty, Overall height 60cm mouth diameter 30.6cm belly diameter 51.4cm foot diameter 30cm, Unearthed at Zhushan, Imperial Kiln in 1993

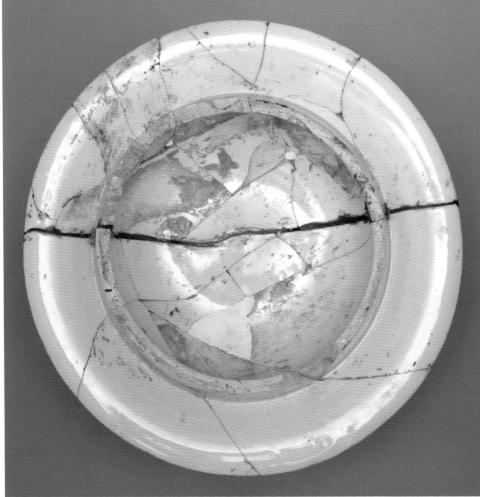

78

青花缠枝花卉纹罐

明宣德

通高 14.2 厘米　口径 4.6 厘米　足径 6.6 厘米

故宫博物院藏

罐直口，短颈，溜肩，长腹渐敛，台阶式圈足，附直壁平顶盖。通体以青花装饰。盖面饰折枝花一支，壁饰缠枝花卉纹；罐壁上下分饰覆、仰如意云头纹，腹饰缠枝花卉纹。足内青花双圈书"大明宣德年制"六字双行楷书款。

此罐为清宫旧藏。造型俊秀，青花艳丽，纹饰疏朗，配有原装器盖，殊为难得。

Blue and white jar with design of interlocking flowers
Xuande Period, Ming Dynasty, Overall height 14.2cm　mouth diameter 4.6cm　foot diameter 6.6cm, Collected by the Palace Museum

79 青花缠枝花卉纹罐

明宣德

高 13.4 厘米　口径 4.5 厘米　足径 6.4 厘米

故宫博物院藏

罐直口，丰肩，腹渐敛，台阶式圈足。通体以青花为饰。肩饰如意云头纹，腹饰缠枝花纹，近足处饰如意云头纹，足内白釉青花双圈书"大明宣德年制"六字双行楷书款。

此器形制端庄稳重，纹饰工整，颇有异域风格。

Blue and white jar with design of interlocking flowers
Xuande Period, Ming Dynasty, Height 13.4cm　mouth diameter 4.5cm　foot diameter 6.4cm, Collected by the Palace Museum

80 青花缠枝茶菊牡丹纹梅瓶

明宣德

高 55.3 厘米　口径 8.6 厘米　腹径 30.8 厘米　足径 16.2 厘米

1984 年出土于御窑珠山

瓶圆唇小口，束短颈，弧圆肩，下腹内收，宽浅圈足。砂底。以青花为饰，身满绘缠枝茶、菊、牡丹纹，肩部与下腹分别饰覆、仰变形莲瓣纹。肩部从右至左横书"大明宣德年制"六字楷书款。

Blue and white prunus vase with design of interlocking peony, camellia and chrysanthemum
Xuande Period, Ming Dynasty, Height 55.3cm　mouth diameter 8.6cm　belly diameter 30.8cm　foot diameter 16.2cm, Unearthed at Zhushan, Imperial Kiln in 1984

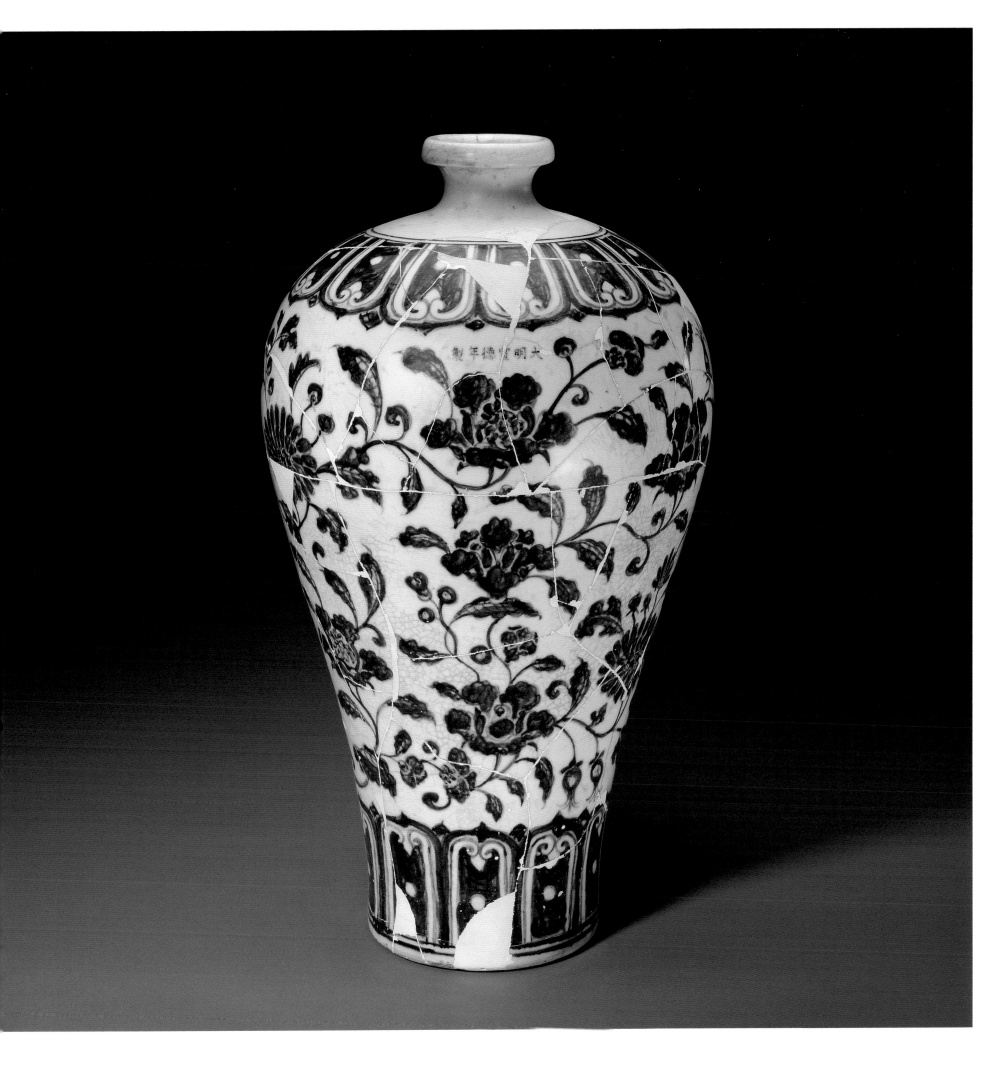

81 青花梵文出戟法轮罐盖

明宣德
高 6.5 厘米　面径 20.5 厘米　底径 21.5 厘米
故宫博物院藏

盖平顶微凹，直沿。胎体厚重，釉色青白，通体以青花为饰，青花浓艳并有黑疵。盖面饰四朵云纹，间以五个蓝查体梵文，是佛教种子字，外壁饰海水纹；盖内顶面莲瓣纹环围，瓣中各书一蓝查体文字，盖内九字中，前五字为五方佛中的五佛种子字，后四字分别代表前四佛双身像中的四女像种子字。中心双线圈内从左至右篆书"大德吉祥场"五字。

此种罐盖器形在宣德青花中极为少见，其造型、花纹均充满宗教含义，是景德镇专为宫廷烧制的佛事用具。

Blue and white jar cover with design of Sanskrit
Xuande Period, Ming Dynasty, Height 6.5cm face diameter 20.5cm bottom diameter 21.5cm, Collected by the Palace Museum

82

青花缠枝花卉纹豆

明宣德

通高 14 厘米　口径 8 厘米　足径 6.7 厘米

故宫博物院藏

豆敛口，圆腹，收胫，高圈足外撇，中空。盖面拱顶，宝珠钮。通体以青花为饰。里心绘一折枝花卉纹；外口沿下弦纹内饰半钱纹，腹部为缠枝花卉纹，下腹部、足部为仰、覆菊瓣纹，胫部上下各有两道弦纹，足边为点珠纹一周。盖中心饰钱纹，周围环绕变形莲瓣纹，外围点珠纹。上腹部隙地自右至左青花书"大明宣德年制"六字楷书横款。

此豆为清宫旧藏。仿青铜器式样，造型古朴，花纹流畅。青花钴料含铁量高，纹饰中显现黑斑。

Blue and white Dou with design of interlocking flowers
Xuande Period, Ming Dynasty, Overall height 14cm mouth diameter 8cm foot diameter 6.7cm, Collected by the Palace Museum

83

青花缠枝花卉纹豆

明宣德

通高 12.5 厘米　口径 6.9 厘米　足径 6.5 厘米

1993 年出土于御窑珠山

豆敛口，鼓腹，腹底收束，足外撇，盖作子母口。通体施釉，盖内亦施釉。以青花为饰，盖面绘变形莲瓣纹一周，器口一圈半钱纹，下青花书"大明宣德年制"六字楷书横款。腹绘缠枝花卉纹，下部与圈足分别绘青花仰、覆菊瓣纹。器内里心青花双圈内绘一折枝花。

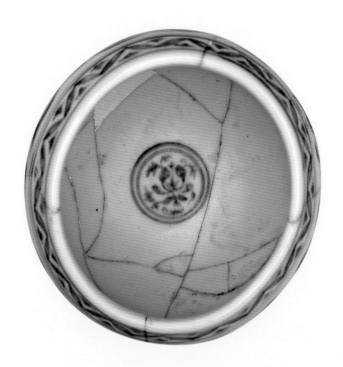

Blue and white Dou with design of interlocking flowers
Xuande Period, Ming Dynasty, Overall height 12.5cm mouth diameter 6.9cm foot diameter 6.5cm, Unearthed at Zhushan, Imperial Kiln in 1993

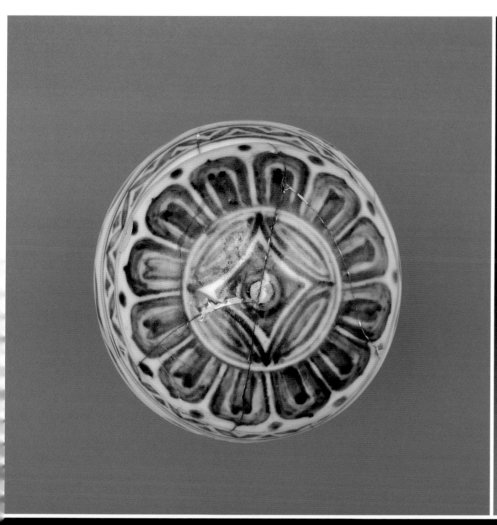

84

青花折枝花卉纹八方烛台

明宣德
高 27 厘米　底径 20.7 厘米
1988 年出土于御窑珠山

烛台与底座均呈八棱台式，底座台面下凹以承烛泪，插口较深，以承插软心蜡烛。青花装饰繁而不乱，自口部至器底达 11 层之多，包括如意云头、变形莲瓣、网格、海水、半钱、花卉纹等，极为罕见。底座上沿留白处书青花"大明宣德年制"六字楷书横款。

此器足内施白釉，底有一直径 6.7 厘米的涩圈，乃装烧时垫有柱状支垫所致，以防焙烧时因颈部的插座太重而下塌。其装烧工艺比永乐同类器先进，此痕迹可以作为区别永乐、宣德烛台的标志。

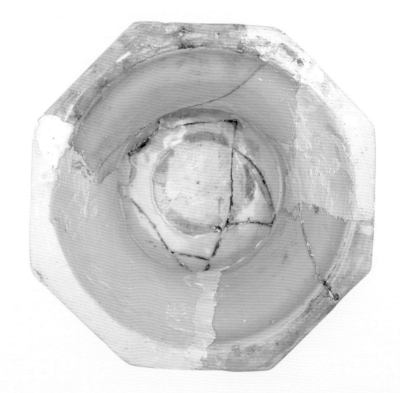

Blue and white octagonal candle holder with design of disconnected sprays of flowers
Xuande Period, Ming Dynasty, Height 27cm　bottom diameter 20.7cm, Unearthed at Zhushan, Imperial Kiln in 1988

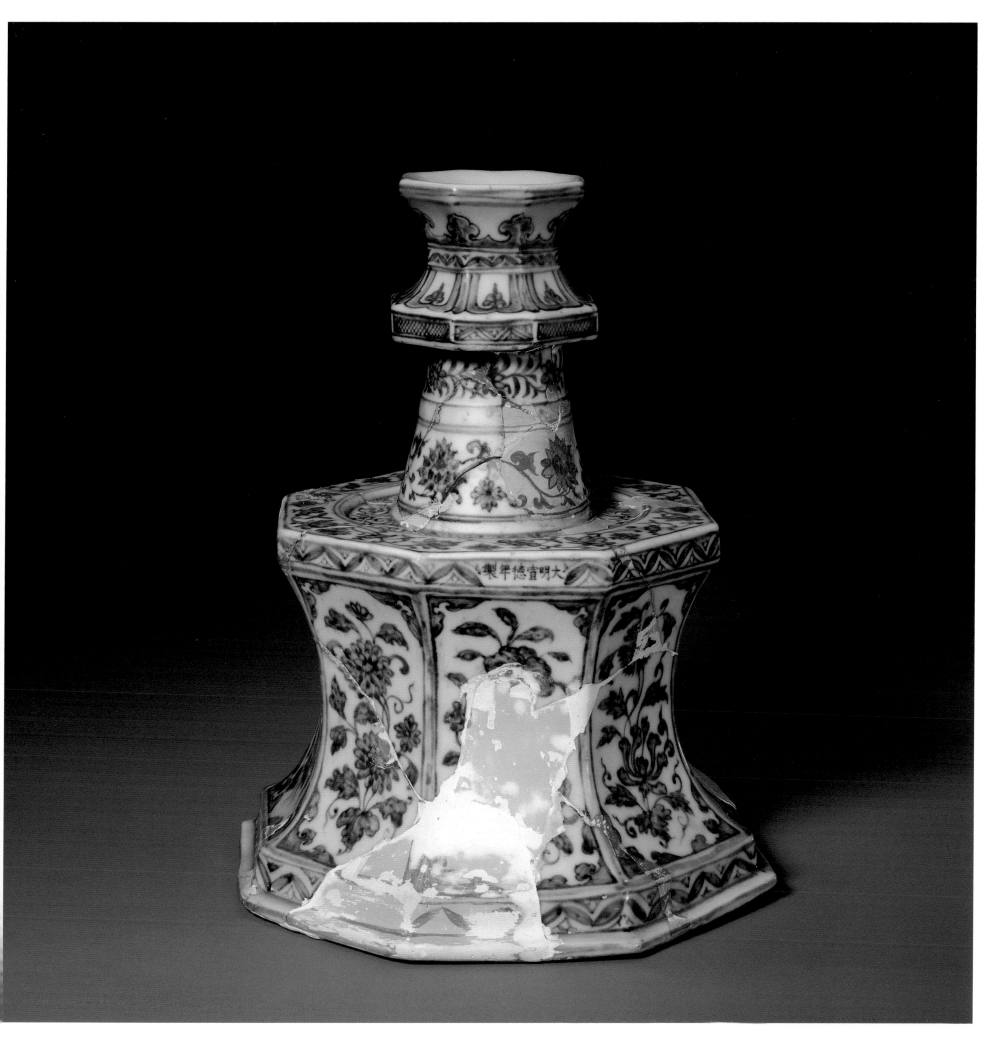

85 青花折枝花卉纹花盆

明宣德

高 12.8 厘米　口横 22 厘米　口纵 20.4 厘米

足横 13.7 厘米　足纵 13 厘米

故宫博物院藏

花盆呈四出菱花式，平折沿，敞口，斜直壁内收，近底处呈亚腰形，似托式座，四足着地。底沿修成波浪形。内壁和外底均施透明釉，外底釉色略泛青，外壁以青花为饰。腹壁绘四组折枝花卉，每组花开两枝，题材有牡丹、菊花、莲花等。

Blue and white flower pot with design of disconnected sprays of flowers
Xuande Period, Ming Dynasty, Height 12.8cm　length of mouth 22cm　width of mouth 20.4cm　length of foot 13.7cm　width of foot 13cm, Collected by the Palace Museum

86

青花花卉纹花盆

明宣德

高 12.4 厘米　口径 24.4 厘米　足径 13 厘米

1984 年出土于御窑珠山

花盆花口，折沿，斜壁呈七棱形，弧腹内收，撇足。通体施白釉，以青花为饰。折沿以小朵花装饰，并以青料涂饰口沿边缘。外壁七面均双框开光，内分别绘花卉纹。底部书青花"大明宣德年制"六字楷书竖款。

Blue and white flower pot with design of flowers

Xuande Period, Ming Dynasty, Height 12.4cm mouth diameter 24.4cm foot diameter 13cm, Unearthed at Zhushan, Imperial Kiln in 1984

祭蓝釉盘

明宣德

高 4.3 厘米 口径 20.4 厘米 足径 13.4 厘米

故宫博物院藏

盘敞口圆唇，浅弧腹，圈足。内外壁施祭蓝釉。口沿处蓝釉薄露出洁白胎体，壁、里心蓝釉均匀莹润。底白釉刻"大明宣德年制"六字楷书款。

此盘为清宫旧藏。

Sacrificial blue glazed plate

Xuande Period, Ming Dynasty, Height 4.3cm mouth diameter 20.4cm foot diameter 13.4cm, Collected by the Palace Museum

88

祭蓝釉高足碗

明宣德
高 10.6 厘米　口径 15.3 厘米　足径 4.6 厘米
1988 年出土于御窑珠山

碗侈口，深弧腹，高足中空。外壁施祭蓝釉，内壁施白釉。里心青花双圈内书"大明宣德年制"六字双行楷书款。

Sacrificial blue glazed bowl with high stem
Xuande Period, Ming Dynasty, Height 10.6cm mouth diameter 15.3cm foot diameter 4.6cm, Unearthed at Zhushan, Imperial Kiln in 1988

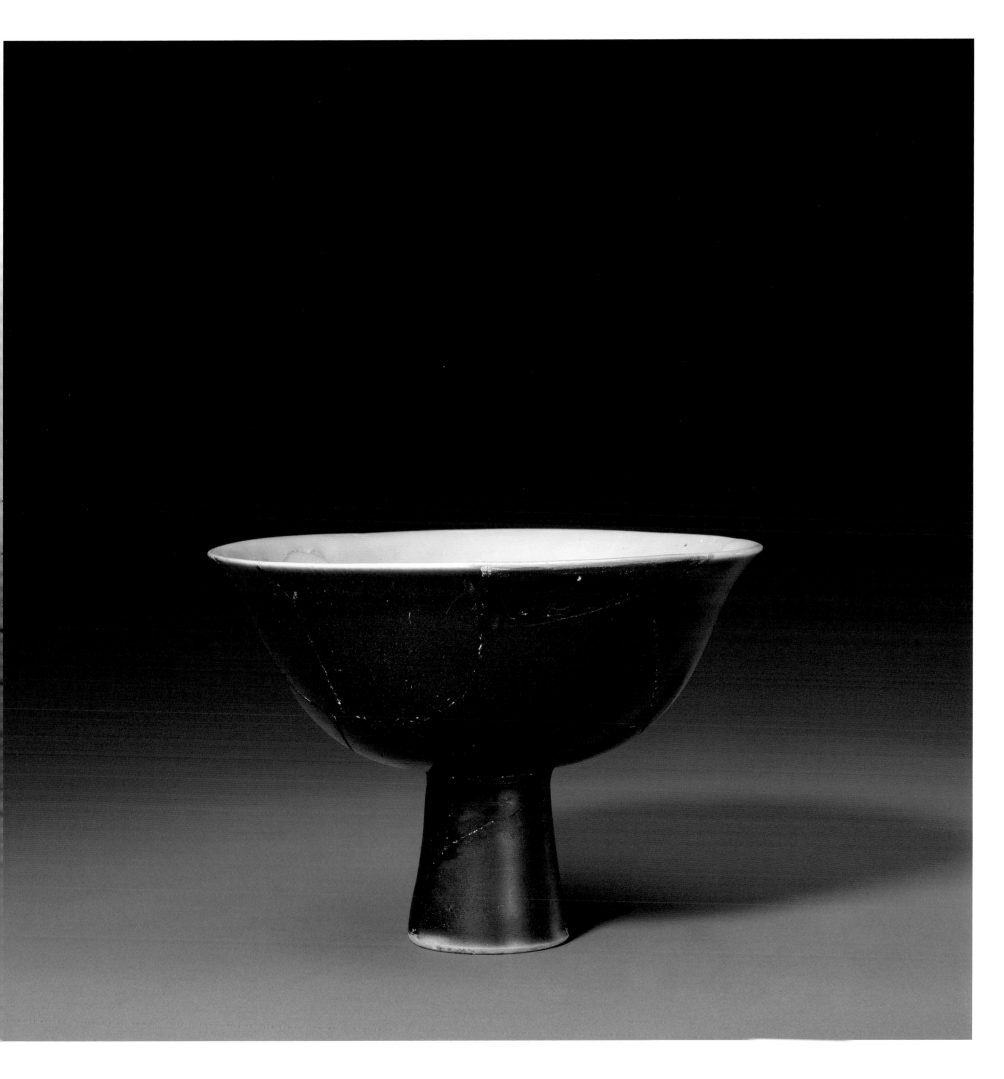

89 祭蓝地白折枝牡丹纹盘

明宣德
高 7.7 厘米　口径 38.2 厘米　足径 27.7 厘米
故宫博物院藏

盘敞口，弧壁，圈足。足内无釉，呈火石红色。内外均以祭蓝釉为地，里心在白色开光内绘盛开的折枝牡丹纹，内壁绘六组折枝瓜果；外壁绘连续不断的缠枝花卉，口沿下书"大明宣德年制"六字横款。

此盘器形规整硕大，端庄大气，蓝釉厚润莹亮，白釉缠枝牡丹纹精美生动，既有天然意趣，又富装饰美感。

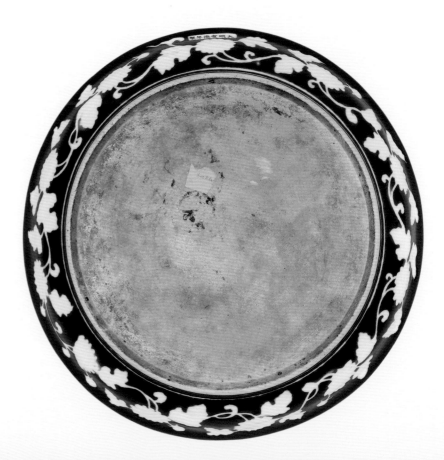

Plate with design of disconnected sprays of peonies in white on sacrificial blue ground
Xuande Period, Ming Dynasty, Height 7.7cm mouth diameter 38.2cm foot diameter 27.7cm, Collected by the Palace Museum

90

酱彩折枝花果纹盘

明宣德
高 5.5 厘米　口径 29.3 厘米　足径 20 厘米
故宫博物院藏

盘侈口圆唇，浅弧腹，圈足。内外壁均白底酱釉装饰。足内无釉，露出白色胎骨，胎质细腻平滑，含少量杂质。内壁绘四朵折枝花果，里心绘一大枝折枝花果；外壁绘四枝折枝莲花，在其中两枝花间青花楷书"大明宣德年制"六字横款。

此盘为清宫旧藏。胎体厚重，釉色浓稠，具有宋元时期白底黑花器物的遗风。

Plate with design of disconnected sprays of flowers and fruits in dark brown
Xuande Period, Ming Dynasty, Height 5.5cm mouth diameter 29.3cm foot diameter 20cm, Collected by the Palace Museum

青花龙纹矾红彩海水纹碗

明宣德

高 10.7 厘米　口径 15.3 厘米　足径 7.6 厘米

故宫博物院藏

碗墩式，敞口，深弧腹，圈足。里心饰青花龙矾红彩海水。外口沿饰青花回纹，外壁饰九条青花龙翻腾于矾红彩海水浪花之中，足墙饰青花双弦纹。

此碗为清宫旧藏。先绘九条青花龙，经高温烧造后再以铁为着色剂的矾红画出浪花，经低温烧成，这是以釉上矾红烘托釉下青花主题纹饰的大胆尝试。这种不拘一格的夸张手法收到不同凡响的艺术效果。

Bowl with design of dragon in blue and seawater in iron-red
Xuande Period, Ming Dynasty, Height 10.7cm　mouth diameter 15.3cm　foot diameter 7.6cm, Collected by the Palace Museum

92 | 鲜红釉碗

明宣德

高 10.1 厘米　口径 15.3 厘米　足径 8 厘米

1988 年出土于御窑珠山

碗呈钟形，侈口，弧腹较深，圈足。碗内外施红釉，红釉呈色略深，口沿处呈灯草边。足内施白釉，青花双圈内书"大明宣德年制"六字款。

宣德红釉，主色鲜艳，光彩夺目，釉色中闪出宝石一样的美丽光泽，所以又有"宝石红"之称。

Bright red glazed bowl
Xuande Period, Ming Dynasty, Height 10.1cm mouth diameter 15.3cm foot diameter 8cm, Unearthed at Zhushan, Imperial Kiln in 1988

93 青花龙纹矾红彩海水纹盘

明宣德
高 4.1 厘米　口径 18.5 厘米　足径 11.9 厘米
故宫博物院藏

盘敞口，浅弧腹，圈足。以青花、矾红彩为饰，里心绘海水蛟龙；外口下饰回纹，外壁饰九条蛟龙翻腾于海水浪花间。

青花与矾红彩相结合，是当时一种新颖的工艺形式，两种色彩互相辉映，衬以素白釉，十分鲜明。宣德时期主要烧造有花盆、盘、碗、高足碗、盛水器等。红彩彩色凝腻、暗沉、温润，施用时深浅分用，以表现纹饰的立体效果。

此盘为清宫旧藏。以釉上矾红彩衬托出釉下青花主题纹饰，形成青、红、白三色相得益彰，不同凡响的艺术效果。

Plate with design of dragon in blue and waves in iron-red
Xuande Period, Ming Dynasty, Height 4.1cm　mouth diameter 18.5cm　foot diameter 11.9cm, Collected by the Palace Museum

青花海水矾红彩异兽纹高足碗

明宣德

高 9 厘米　口径 10 厘米　足径 4.4 厘米

故宫博物院藏

碗侈口，弧腹，高足外撇，实心平底。底不施釉。外壁以青花绘海水纹，矾红彩绘异兽。异兽有象形、鹿形、马形、羊形等，或向前奔跑，或回首遥望，动感十足；内口沿绘弦纹，里心双圈内书"大明宣德年制"六字双行楷书款。

此器为青花与矾红彩的组合，青花浓艳，红彩热烈，气势恢弘。

Bowl with high stem and design of waves in blue and fictional animals in iron-red
Xuande Period, Ming Dynasty, Height 9cm mouth diameter 10cm foot diameter 4.4cm, Collected by the Palace Museum

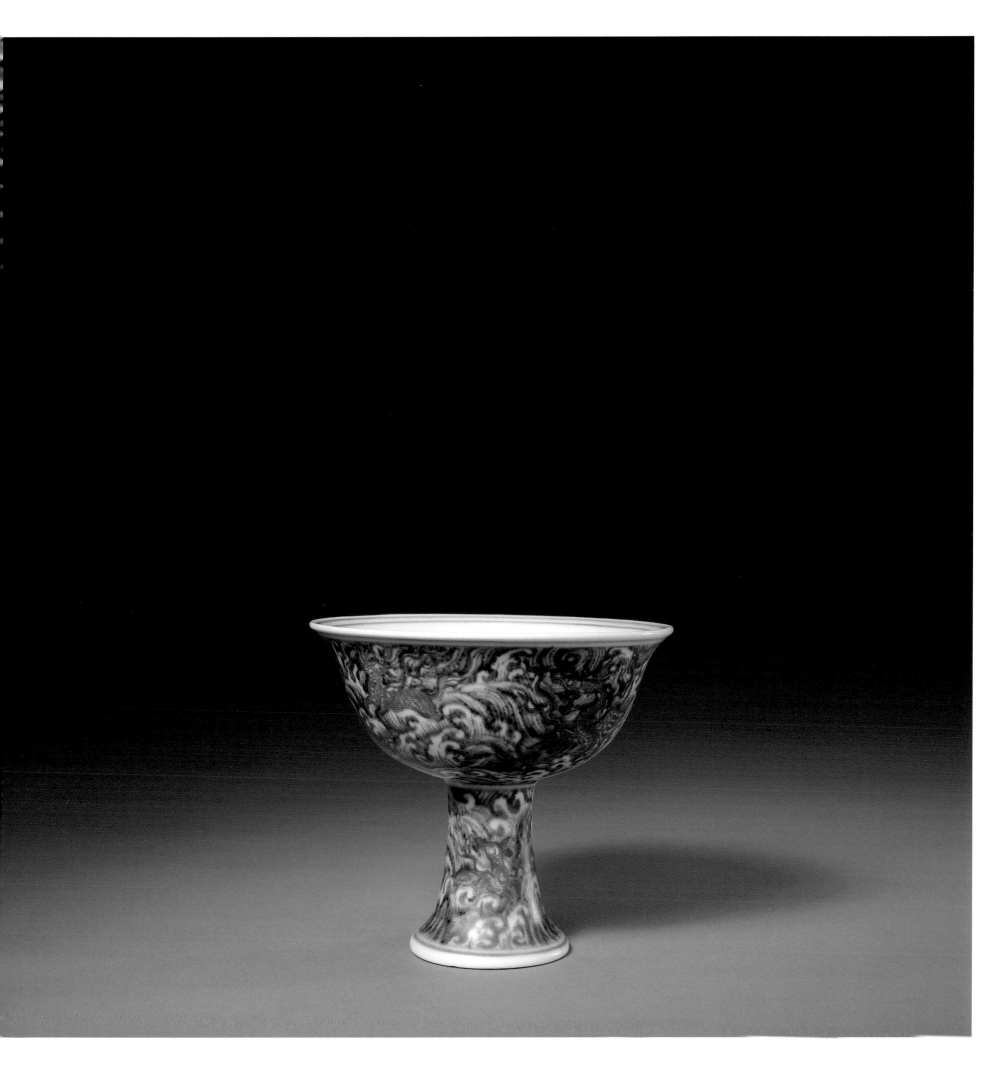

95 青花地矾红彩宝相花纹花盆

明宣德

高 20.3 厘米　口径 40 厘米　足径 26.3 厘米

1988 年出土于御窑珠山

花盆折沿，斜壁呈八棱形，下部内收，器底与足间有一周凸起，足呈座式。火石红底。外壁以青花为地，留白处填矾红。口沿饰卷草，器壁八面均为方形开光内绘宝相花纹，足外壁有明式建筑和家具上常见的曲牙子。口沿下留白处书青花"大明宣德年制"六字楷书横款。

Blue and white flower pot with design of rosette in iron-red
Xuande Period, Ming Dynasty, Height 20.3cm mouth diameter 40cm foot diameter 26.3cm, Unearthed at Zhushan, Imperial Kiln in 1988

鲜红釉盘

明宣德

高 4.2 厘米　口径 20 厘米　足径 12.5 厘米

故宫博物院藏

盘侈口，浅弧壁，圈足。通体施红釉，口沿露白色胎骨，足内施青白釉，青花双圈内书"大明宣德年制"六字双行楷书款。

此盘为清宫旧藏。造型规整，胎薄体轻，红釉色泽鲜艳纯正，是宣德官窑红釉瓷作的典范。

Bright red glazed plate
Xuande Period, Ming Dynasty, Height 4.2cm mouth diameter 20cm foot diameter 12.5cm, Collected by the Palace Museum

97 鲜红釉盘

明宣德

高 3.5 厘米　口径 15.1 厘米　足径 9.4 厘米

1982 年出土于御窑珠山

盘口微敛，浅弧腹，圈足微内敛。器内外施满红釉，底施白釉。底青花双圈内书"大明宣德年制"六字双行楷书款。

此盘器壁比永乐同类器稍厚，或因呈色灰红而被淘汰。

Bright red glazed plate

Xuande Period, Ming Dynasty, Height 3.5cm　mouth diameter 15.1cm　foot diameter 9.4cm, Unearthed at Zhushan, Imperial Kiln in 1982

98

鲜红釉印云龙纹高足碗

明宣德
高 10.4 厘米　口径 15 厘米　足径 4.3 厘米
故宫博物院藏

碗敞口，弧壁，深腹，下承高足。通体施红釉。内壁模印云龙纹。

Bright red glazed bowl with high stem and stamped design of cloud and dragon
Xuande Period, Ming Dynasty, Height 10.4cm　mouth diameter 15cm　foot diameter 4.3cm, Collected by the Palace Museum

鲜红釉高足碗

明宣德

高 10.7 厘米 口径 15.3 厘米 足径 4.3 厘米

1993 年出土于御窑珠山

碗侈口，深弧腹，足中空。通体施红釉，釉色均匀莹亮，口沿呈"灯草边"，足内施白釉。与此器一道出土的还有大量红釉碗、盘等。

Bright red glazed bowl with high stem
Xuande Period, Ming Dynasty, Height 10.7cm mouth diameter 15.3cm foot diameter 4.3cm, Unearthed at Zhushan, Imperial Kiln in 1993

100 孔雀绿釉印龙纹高足碗

明宣德

高 10.3 厘米　口径 15.6 厘米　足径 4.5 厘米

1988 年出土于御窑珠山

碗侈口，弧腹，足微外撇，中空。外壁施孔雀绿釉，内施白釉。内壁隐约可见印有龙纹，里心青花双圈内书"大明宣德年制"六字双行楷书款。

孔雀绿釉是一种以铜为着色剂的低温颜色釉，亦称"法翠"或"翡翠釉"。最早见于宋代磁州窑，景德镇元代始烧，宣德时已较为流行。

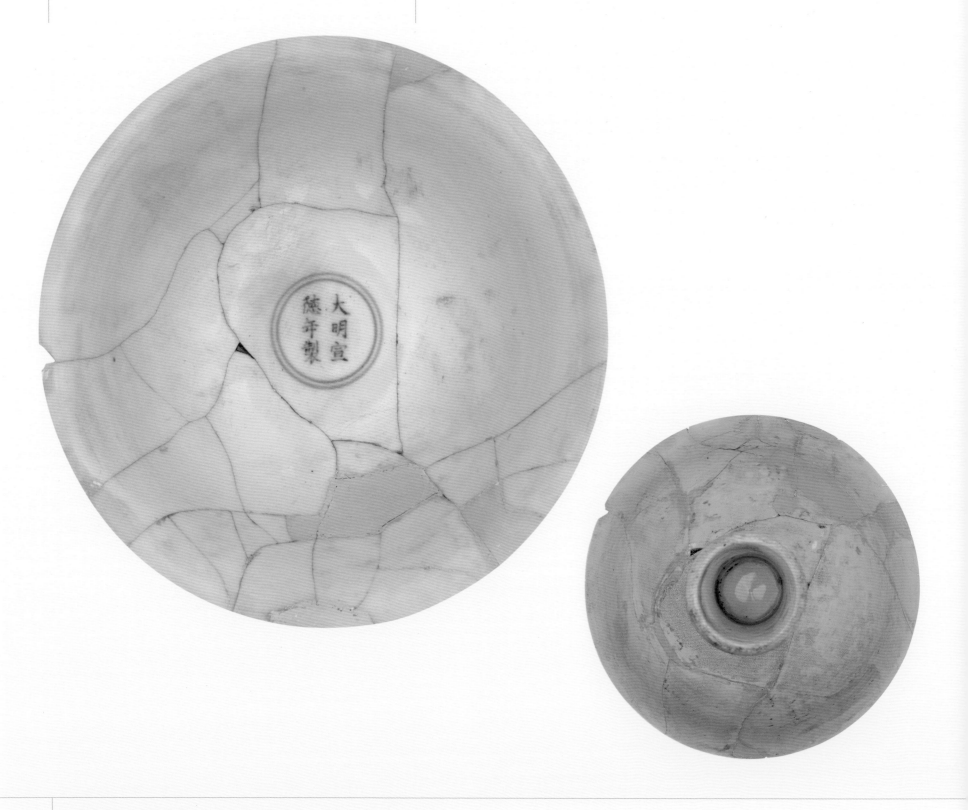

Turquoise blue glazed bowl with high stem and stamped dragon design
Xuande Period, Ming Dynasty, Height 10.3cm mouth diameter 15.6cm foot diameter 4.5cm, Unearthed at Zhushan, Imperial Kiln in 1988

101

鲜红釉僧帽壶

明宣德

通高 20 厘米　口径 16.1 厘米　足径 17.2 厘米

故宫博物院藏

壶口呈僧帽式，短颈，圆腹，圈足。一侧有流，另一侧有曲柄，柄上端作如意状。盖圆顶，宝珠钮，有系，与壶身圆形小系可以相连接。通体施鲜红釉，足内白釉无款。

此僧帽壶为清宫旧藏。口沿与外部凸起的直线部分呈白色，积釉处微显青灰色。特别是口沿部分，因在烧制时自然形成的一圈白釉而被俗称为"灯草口"，已成为宣德红釉瓷器的重要特征。

Bright red glazed monk's cap jug
Xuande Period, Ming Dynasty, Overall height 20cm　mouth diameter 16.1cm　foot diameter 17.2cm, Collected by the Palace Museum

青花穿花龙纹僧帽壶

明宣德

高 23.7 厘米　腹径 16.3 厘米　足径 8.9 厘米

1983 年出土于御窑珠山

壶直颈，鼓腹，圈足。缺盖。通体施白釉，以青花为饰。口内壁饰双龙纹；口外壁为缠枝灵芝，颈部绘两穿花龙，肩部如意云头纹内饰折枝花卉纹。腹中部书藏文吉祥经语，下部饰变形莲瓣，足壁饰卷草纹。底青花双圈内原应书有年款。

Blue and white monk's cap jug with design of dragon flying among flowers
Xuande Period, Ming Dynasty, Height 23.7cm belly diameter 16.3cm foot diameter 8.9cm, Unearthed at Zhushan, Imperial Kiln in 1983

103 鲜红釉桃形注

明宣德

通高 14 厘米　口径 3.3 厘米　足径 6.1 厘米

1988 年出土于御窑珠山

注身呈桃形，短流呈一欲开之花蕾状，弧柄上有一小系，盖花形，钮为小花蕾，圈足。外施红釉，盖边缘处呈绿色，内与足底均施白釉。底青花双圈内书"大明宣德年制"六字双行楷书款。器身塑有桃花和枝叶。

此器为宣德官窑像生瓷之创新品种。

Bright red glazed peach-shaped water dropper
Xuande Period, Ming Dynasty, Overall height 14cm　mouth diameter 3.3cm　foot diameter 6.1cm, Unearthed at Zhushan, Imperial Kiln in 1988

104

鲜红釉水仙盆

明宣德

高 7.7 厘米　口横 21.5 厘米　底横 20.2 厘米

1993 年出土于御窑珠山

水仙盆直口，斜直壁，浅腹，呈腰圆形，下承如意云头形四足。火石红底。通体施红釉，边沿呈"灯草边"，底正中施一条长方形白釉，釉下书青花"大明宣德年制"六字楷书横款。

此器造型与宋代汝窑青瓷水仙盆一致。

Bright red glazed narcissus pot
Xuande Period, Ming Dynasty, Height 7.7cm length of mouth 21.5cm, length of bottom 20.2cm, Unearthed at Zhushan, Imperial Kiln in 1993

鲜红釉描金云龙纹碗

明宣德

高 8.8 厘米　口径 20.9 厘米　足径 9 厘米

故宫博物院藏

碗侈口，深弧壁，圈足。通体施红釉，足内施白釉。内、外壁均以金彩绘云龙戏珠纹，外壁近底处以金彩绘变形莲瓣纹一周。金彩虽已脱落，图案仍依稀可辨。

以毛笔蘸上已调和好的金粉在瓷器上描绘纹饰的装饰技法称为"描金"，是北宋时定窑首创，品种有白釉描金、黑釉描金、酱釉描金三种。元代景德镇继承这种技法，生产出蓝釉描金器。红釉描金器则始于明宣德朝。宣德红釉描金器除碗外，还有侈口盘等，均描绘云龙纹。

Bright red glazed bowl with gilt design of cloud and dragon
Xuande Period, Ming Dynasty, Height 8.8cm mouth diameter 20.9cm foot diameter 9cm, Collected by the Palace Museum

106

鲜红釉描金云龙纹盘

明宣德
高 4.5 厘米　口径 19.7 厘米　足径 12.3 厘米
故宫博物院藏

盘敞口，弧壁，圈足。通体施鲜红釉，口及足内为白釉。里心饰描金云龙纹，外壁绘两条描金云龙。

此盘为清宫旧藏。

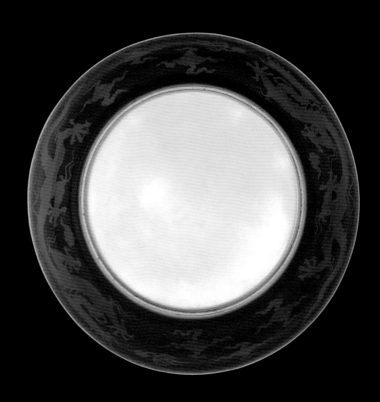

Bright red glazed plate with gilt design of cloud and dragon
Xuande Period, Ming Dynasty, Height 4.5cm　mouth diameter 19.7cm　foot diameter 12.3cm, Collected by the Palace Museum

107 酱釉盘

明宣德
高 4.4 厘米　口径 19.4 厘米　足径 12.4 厘米
故宫博物院藏

盘侈口，弧壁，圈足，底微塌。通体施酱釉，足内白釉刻双圈"大明宣德年制"六字双行楷书款。

酱釉因以"紫金土"配釉亦称"紫金釉"，它是一种以铁为着色剂的高温釉，釉料中氧化铁和氧化亚铁的含量高达 5％以上，其釉色类似芝麻酱色。酱釉瓷早在宋代就多见于北方的许多瓷窑，其中以定窑的"紫定"器最为典型。明宣德时酱釉瓷器是景德镇官窑生产的主要色釉品种，色泽温润纯正，釉面肥厚并有橘皮纹，常见造型有侈口碗、侈口盘、敛口盘和瓜式执壶等。

Dark brown glazed plate
Xuande Period, Ming Dynasty, Height 4.4cm mouth diameter 19.4cm foot diameter 12.4cm, Collected by the Palace Museum

108

酱釉碗

明宣德

高 7.5 厘米　口径 17.2 厘米　足径 7.2 厘米

1993 年出土于御窑珠山

碗侈口，弧腹，圈足。通体施酱釉，足内施白釉，阴刻双圈"大明宣德年制"六字双行楷书款。

此器似为宣德官窑仿紫定的制品。

Dark brown glazed bowl

Xuande Period, Ming Dynasty, Height 7.5cm　mouth diameter 17.2cm　foot diameter 7.2cm, Unearthed at Zhushan, Imperial Kiln in 1993

白釉刻缠枝莲托八宝纹碗

明宣德
高 8.4 厘米　口径 15.5 厘米　足径 5.7 厘米
故宫博物院藏

碗敞口，深弧腹，圈足较高。通体施白釉，微泛青色。外壁以刻花为饰。口沿下饰两道弦纹，腹壁为缠枝莲托八宝纹，依次为轮、螺、伞、盖、花、鱼、罐、肠，近足处刻仰莲瓣纹，足墙饰卷草纹；内壁素面无纹饰。内底以青花绘双圈，中心绘竖向长方形双方框，框内书"大明宣德年制"六字楷书款。

此碗为清宫旧藏。造型秀丽，釉色洁净莹润，刻纹饰若隐若现，给人以高雅、纯净之感。

White glazed bowl with incised design of lotus and eight auspicious symbols
Xuande Period, Ming Dynasty, Height 8.4cm　mouth diameter 15.5cm　foot diameter 5.7cm, Collected by the Palace Museum

110

白釉盘

明宣德

高 3.5 厘米　口径 16.7 厘米　足径 10.1 厘米

故宫博物院藏

盘侈口，弧壁，圈足。通体施白釉，足内青花双圈内书"大明宣德年制"六字双行楷书款。

明宣德时期是明代颜色釉繁荣发展的时代，白、红、蓝各色瓷器都有烧造，质量精湛，堪为明代之冠。

White glazed plate
Xuande Period, Ming Dynasty, Height 3.5cm　mouth diameter 16.7cm　foot diameter 10.1cm, Collected by the Palace Museum

白釉杯

明宣德

高 4.6 厘米　口径 6.2 厘米　足径 2.7 厘米

1993 年出土于御窑珠山

杯侈口，深弧腹，圈足。胎体轻薄。通体施白釉。足内青花书"大明宣德年制"六字双行楷书款。

脱胎器创烧于永乐，但仅口沿极薄，底部还是偏厚，而此器底足亦很薄，体现出了工艺水平的提高。

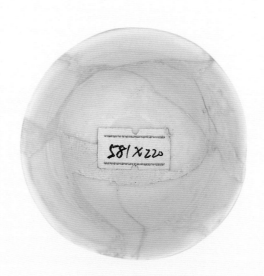

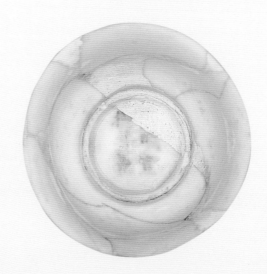

White glazed cup
Xuande Period, Ming Dynasty, Height 4.6cm mouth diameter 6.2cm foot diameter 2.7cm, Unearthed at Zhushan, Imperial Kiln in 1993

112

白釉钵

明宣德

高 17.6 厘米　口径 35 厘米　足径 19.7 厘米

1984 年出土于御窑珠山

钵花口，折沿，弧腹内收，高圈足。内外均施白釉，足底无釉。足跟微泛火石红。腹下部有一道凸起的弦纹。

White glazed alms bowl
Xuande Period, Ming Dynasty, Height 17.6cm　mouth diameter 35cm　foot diameter 19.7cm, Unearthed at Zhushan, Imperial Kiln in 1984

113 青白釉划缠枝花纹莲子碗

明宣德

高 5.8 厘米 口径 10.2 厘米 足径 3 厘米

故宫博物院藏

碗敞口圆唇，弧腹，圈足。通体施青白釉，釉色呈淡青蓝色，内外壁以划花装饰。内口部饰带状缠枝花；外口部饰带状回纹，下腹部饰仰莲瓣。足内青白釉青花书"大明宣德年制"六字双行楷书款。

该碗的器形小巧，配以淡雅的釉色及简洁的划花，给人以小巧、精致的感觉。

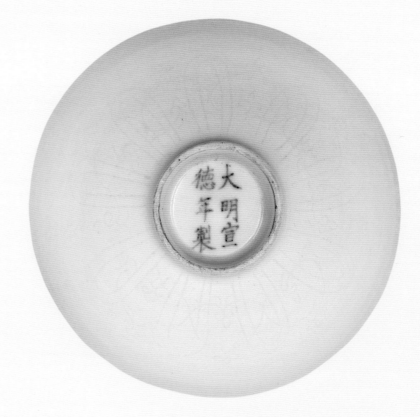

Bluish white glazed bowl with incised design of interlocking flowers and lotus seeds
Xuande Period, Ming Dynasty, Height 5.8cm mouth diameter 10.2cm foot diameter 3cm, Collected by the Palace Museum

114 天青釉印莲托八宝纹高足碗

明宣德

高 11.5 厘米　口径 16.7 厘米　足径 4.7 厘米

1993 年出土于御窑珠山

碗侈口，深弧腹，足微外撇，中空。通体施天青釉。内壁隐约可见印有莲托八宝纹，里心青花双圈内书"宣德年制"四字双行篆书款，款圈外印有莲瓣纹。

Sky blue glazed bowl with high stem and stamped design of lotus and eight auspicious symbols
Xuande Period, Ming Dynasty, Height 11.5cm mouth diameter 16.7cm foot diameter 4.7cm, Unearthed at Zhushan, Imperial Kiln in 1993

115 | 天青釉斗笠碗

明宣德
高 7.4 厘米　口径 17.8 厘米　足径 6.1 厘米
1993 年出土于御窑珠山

碗侈口，斜直腹，浅圈足。通体施天青釉。外底青花双圈内书"大明宣德年制"六字双行楷书款。

该器造型仿宋青白釉斗笠碗。

Sky blue glazed hat-shaped bowl
Xuande Period, Ming Dynasty, Height 7.4cm mouth diameter 17.8cm foot diameter 6.1cm, Unearthed at Zhushan, Imperial Kiln in 1993

116 青釉刻花卉纹碟

明宣德

高 3.2 厘米　口径 8.9 厘米　足径 3.9 厘米

故宫博物院藏

碟花口，折沿，弧腹，近底内折，圈足。内外施龙泉青釉，足内满釉。内壁刻花卉纹，里心青釉下以青花书"大明宣德年制"六字双行楷书款。

此碟为清宫旧藏。釉色青翠浓厚，内壁刻花隐约可见，青花款识于青釉下，独具特色。

Green glazed saucer with incised floral design
Xuande Period, Ming Dynasty, Height 3.2cm　mouth diameter 8.9cm　foot diameter 3.9cm, Collected by the Palace Museum

青釉碟

明宣德

高 2.8 厘米　口径 8.7 厘米　足径 4.1 厘米

1982 年出土于御窑珠山

碟花口，折沿，折腰，圈足。通体施青釉，釉层肥厚，有开片。里心隐约可见青花书"大明宣德年制"六字双行楷书款。

此类碟有刻花和不刻花两类，此件属后者。

Green glazed saucer
Xuande Period, Ming Dynasty, Height 2.8cm mouth diameter 8.7cm foot diameter 4.1cm, Unearthed at Zhushan, Imperial Kiln in 1982

118 青釉刻花盘

明宣德
高 4 厘米 口径 17.5 厘米 足径 11 厘米
故宫博物院藏

盘花口，斜壁，圈足。周身施冬青釉，有暗刻花纹。足内青花双圈内书"大明宣德年制"六字双行楷书款。

此器仿宋代冬青釉色，色泽莹润如碧玉。款识书风规整，为明初宣德时期台阁体书法风格。

Green glazed plate with incised design
Xuande Period, Ming Dynasty, Height 4cm mouth diameter 17.5cm foot diameter 11cm, Collected by the Palace Museum

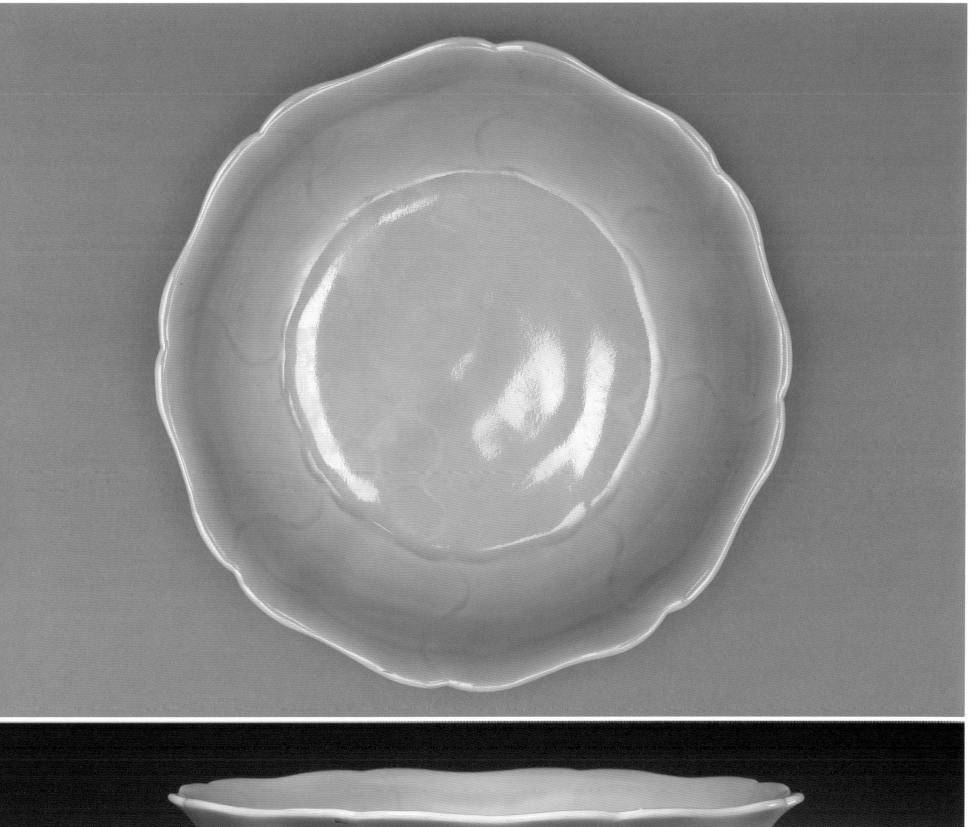
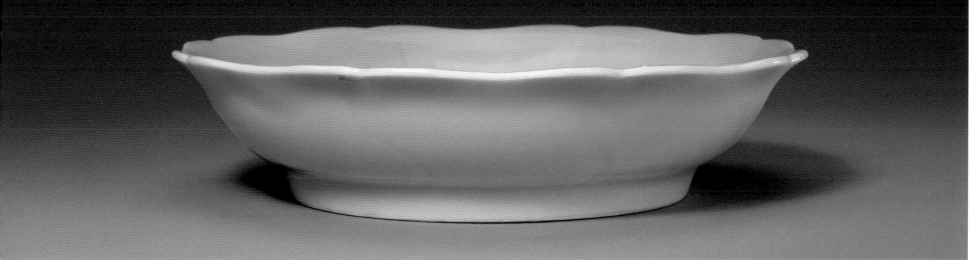

119

青釉花盆

明宣德
高 15.7 厘米　口径 23.5 厘米　足径 11.5 厘米
1984 年出土于御窑珠山

花盆侈口，深弧腹，足微外撇。通体施青釉，足跟微泛火石红。底部中心有一小圆孔。

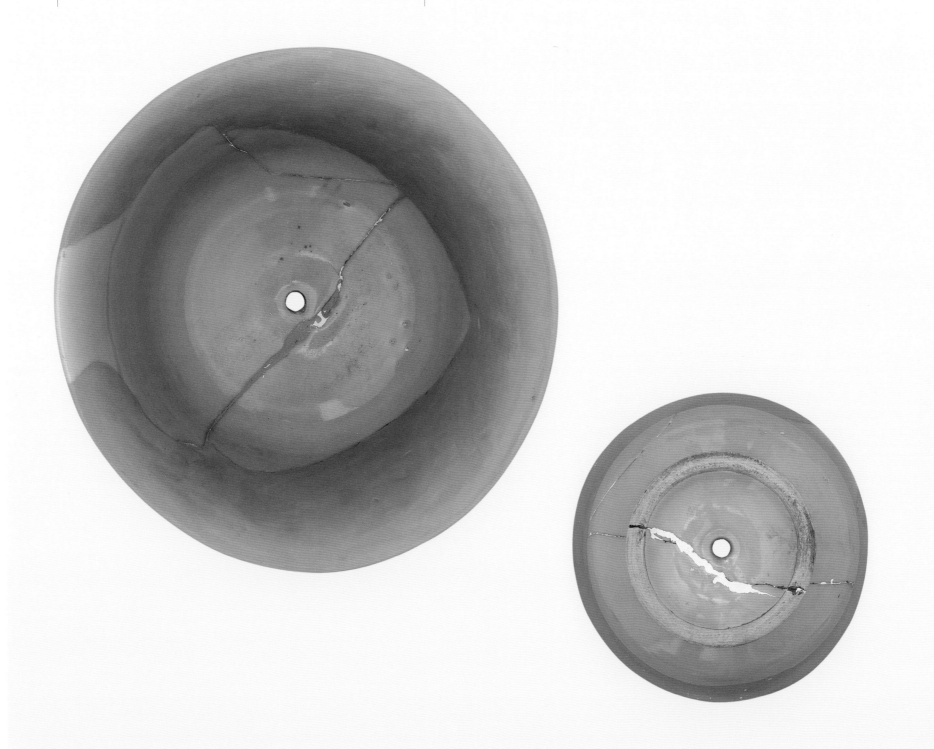

Green glazed flower pot
Xuande Period, Ming Dynasty, Height 15.7cm mouth diameter 23.5cm foot diameter 11.5cm, Unearthed at Zhushan, Imperial Kiln in 1984

120

青釉乳丁纹三足钵

明宣德
高 10 厘米　口径 31.6 厘米
1982 年出土于御窑珠山

钵口微敛，浅弧腹，三足作如意云头状。内外均施青釉，器底无釉。外口沿下饰凸起的乳丁八枚，腹部刻缠枝花卉，但因釉厚而不甚清晰。

与此器同时出土的青釉乳丁三足钵残片，有外壁书青花"大明宣德年制"六字横款者。此器口沿残缺，故不见有款，亦当为有款器皿。

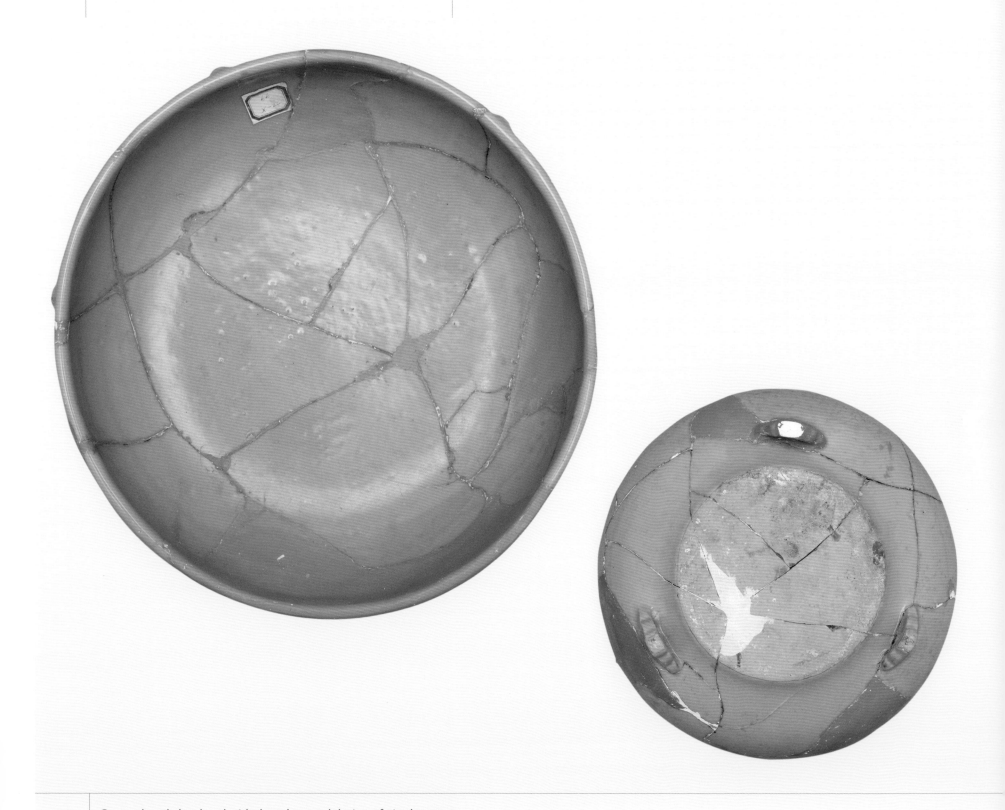

Green glazed alms bowl with three legs and design of nipple pattern
Xuande Period, Ming Dynasty, Height 10cm mouth diameter 31.6cm, Unearthed at Zhushan, Imperial Kiln in 1982

121

绿釉凤首瓜形注

明宣德

高 12.3 厘米　口径 3.8 厘米　足径 6 厘米

1988 年出土于御窑珠山

注侈口，细颈收束，身呈四棱瓜形，流为张口凤首，曲柄。外壁挂低温绿釉，内壁与足底均施白釉。颈、腹中部各起一道凸棱，腹部凸棱将身分为上下两个部分，两部分又分别于各自中部作凹线一周。肩部呈凸起四出花形。底青花双圈内书"大明宣德年制"六字双行楷书款。

Green glazed melon-shaped water dropper with phoenix-head-shaped spout
Xuande Period, Ming Dynasty, Height 12.3cm　mouth diameter 3.8cm　foot diameter 6cm, Unearthed at Zhushan, Imperial Kiln in 1988

青花螭龙纹砚滴

明宣德

高 10.9 厘米　口径 1.3 厘米　足径 3.7 厘米

1984 年出土于御窑珠山

砚滴长颈竹节式，莲子腹，圈足。珠顶盖，盖下子口为长管状，插入颈口不易倾落。流为一张口螭龙首，龙颈部竖书"大明宣德年制"六字楷书款。柄亦为一螭龙，龙尾卷草式，以青花分绘于腹两侧。下腹绘变形莲瓣纹。

Blue and white water dropper for inkslab with design of hornless dragon
Xuande Period, Ming Dynasty, Height 10.9cm　mouth diameter 1.3cm　foot diameter 3.7cm, Unearthed at Zhushan, Imperial Kiln in 1984

123

青花鸳鸯形砚滴

明宣德

高 5.4 厘米　口径 2.1 厘米　长 9.2 厘米

1993 年出土于御窑珠山

砚滴呈鸳鸯形，平底，背部两翅间作一小圆口，缺盖。除底外均施白釉。全器以青花留白绘出羽毛，左侧翼上端留白处书青花"大明宣德年制"六字楷书横款。

台北故宫博物院藏有相同传世品，且有管状滴水盖。

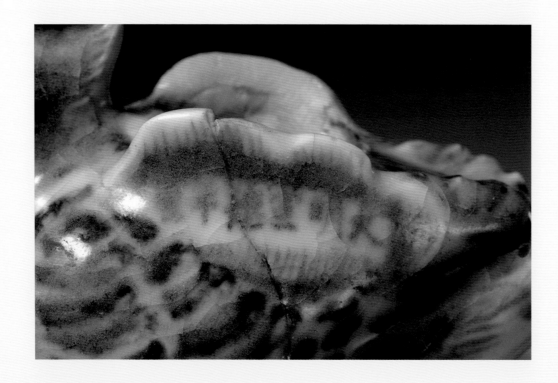

Blue and white mandarin-duck-shaped water dropper for inkslab
Xuande Period, Ming Dynasty, Height 5.4cm mouth diameter 2.1cm length 9.2cm, Unearthed at Zhushan, Imperial Kiln in 1993

124 | 仿汝釉盘

明宣德

高 4.2 厘米　口径 17.4 厘米　足径 10.8 厘米

故宫博物院藏

盘侈口，圆唇，浅弧腹，圈足。胎骨白色微泛黄。内外壁施仿汝釉。釉呈暗淡的浅蓝色，器身布满棕黄色开片，口沿开片略疏松，内外壁及盘心开片较密。足内青花双圈内书"大明宣德年制"六字双行楷书款。

此盘为清宫旧藏。

Ru Kiln style plate
Xuande Period, Ming Dynasty, Height 4.2cm mouth diameter 17.4cm foot diameter 10.8cm, Collected by the Palace Museum

仿汝釉盘

明宣德
高 4.2 厘米　口径 17.6 厘米　足径 10.8 厘米
故宫博物院藏

盘侈口，弧壁，圈足。通体施汝釉，满布细碎开片。足内青花双圈内书"大明宣德年制"六字双行楷书款。

此盘为清宫旧藏。

Ru Kiln style plate
Xuande Period, Ming Dynasty, Height 4.2cm mouth diameter 17.6cm foot diameter 10.8cm, Collected by the Palace Museum

仿哥釉碗

明宣德

高 10.6 厘米　口径 20.7 厘米　足径 7.6 厘米

故宫博物院藏

碗敞口，深弧腹，圈足较高。通体及足内均施仿哥釉，釉层肥厚，釉色灰青，釉面布满开片纹。足内青花双圈内书"大明宣德年制"六字双行楷书款。

哥窑是五大名窑之一，其制品胎骨较厚，釉层较薄，釉面犹如人肤之微汗，润泽如酥；器表布满大小不同的纹片，犹如冰裂纹一般变化，别有一番古朴、自然的情趣，为历代帝王及士大夫极力推崇的具有较高艺术鉴赏价值的器皿。"宣窑"是明代御窑的极盛期，甚至达到"无物不佳、小巧尤妙"之境地。闻名于世的传世哥窑瓷器，亦成为此时官窑瓷器的仿制目标。

明代仿哥窑瓷器的传世品迄今所见最早为宣德时景德镇御窑制品，有菊瓣碗、鸡心碗、菊瓣盘、折沿盘、侈口盘等，多书有青花宣德年款。这些器物的釉面光洁度偏低，有油腻感，与传世哥窑器的釉面相似，但也有橘皮纹这一宣德官窑器的典型特征。其釉色有青灰或月白等，开片纹的纹路微微闪黑闪红，没有传世哥釉器"金丝铁线"和"紫口铁足"的效果。此碗未采用传世哥窑造型，而是采用当时流行的款式。

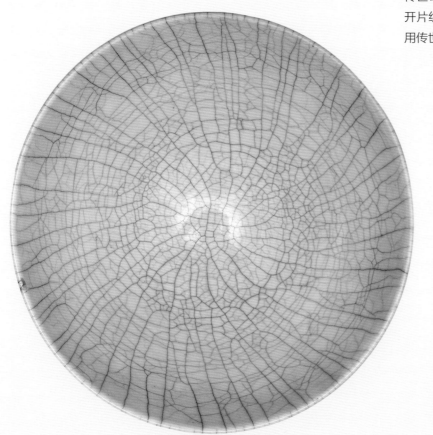

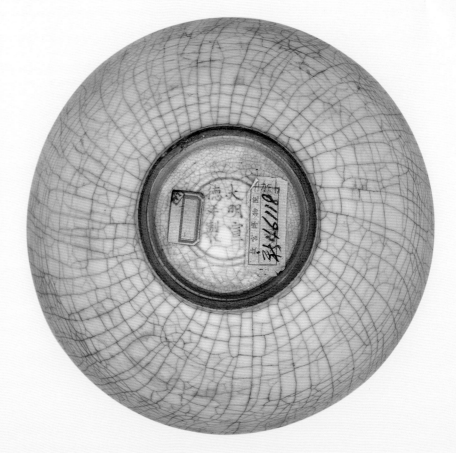

Ge Kiln style bowl
Xuande Period, Ming Dynasty, Height 10.6cm mouth diameter 20.7cm foot diameter 7.6cm, Collected by the Palace Museum

127 | 仿哥釉蟋蟀罐

明宣德

高 11.2 厘米　口径 13.6 厘米　足径 13 厘米

故宫博物院藏

罐口、底相若，直口，深腹，腹壁微外鼓，玉璧形底。外壁为仿哥釉，釉面莹润，开细碎纹片。足内青花双圈内书"大明宣德年制"六字双行楷书款。

历代蟋蟀罐中尤以宣德时期的同类制品最受推崇，这虽然与旧时帝王有联系，但主要与其过于稀少有关。从目前资料来看，传世宣德单色釉蟋蟀罐仅此一件，因此越发珍贵。

Ge Kiln style cricket jar
Xuande Period, Ming Dynasty, Height 11.2cm mouth diameter 13.6cm foot diameter 13cm, Collected by the Palace Museum

128

青釉蟋蟀罐

明宣德
高 9.5 厘米　口径 13.3 厘米　腹径 14.5 厘米　足径 13 厘米
1982 年出土于御窑珠山

罐身鼓形，口微敛，罐、盖合拢时盖承于罐口沿之上。罐腹微鼓，下腹微敛，宽圈足。盖圆形，面平，微凹。盖、外壁与足底均施淡青釉，内壁涩胎，盖内仅中心施釉，釉下青花双圈内书"大明宣德年制"六字双行楷书款，足底亦书此款。

Green glazed cricket jar
Xuande Period, Ming Dynasty, Height 9.5cm mouth diameter 13.3cm belly diameter 14.5cm foot diameter 13cm, Unearthed at Zhushan, Imperial Kiln in 1982

| ## 青花云龙纹蟋蟀罐

明宣德

高 9.5 厘米　口径 13 厘米　腹径 14 厘米　足径 12 厘米

1993 年出土于御窑珠山

罐身鼓形，子母口，合拢时盖沿与罐口处于同一平面，圈足。圆形平盖，微凹，有孔。除盖身相交处及足跟外皆施釉。外壁绘双角五爪云龙纹，一作行龙状，另一作回首状；盖面绘升龙纹，盖边沿饰以朵云。盖里和足内正中分别书青花横排和竖排"大明宣德年制"单行六字楷书款。

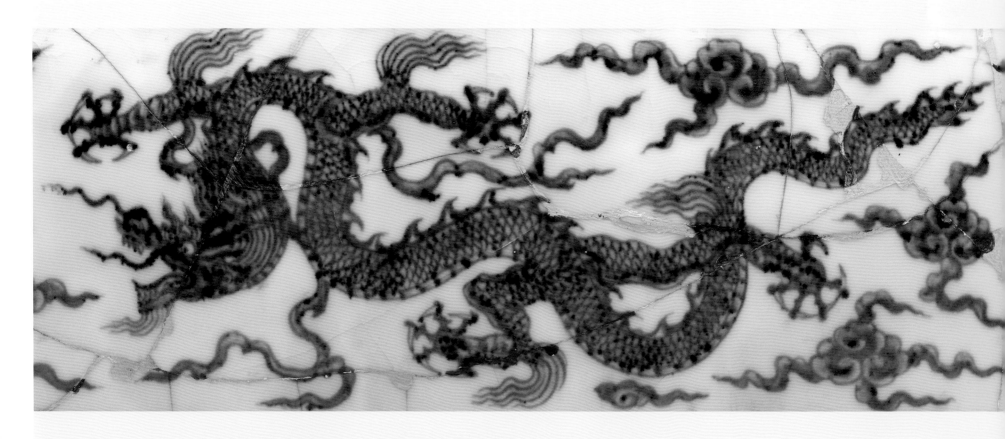

Blue and white cricket jar with design of cloud and dragon
Xuande Period, Ming Dynasty, Height 9.5cm　mouth diameter 13cm　belly diameter 14cm　foot diameter 12cm, Unearthed at Zhushan, Imperial Kiln in 1993

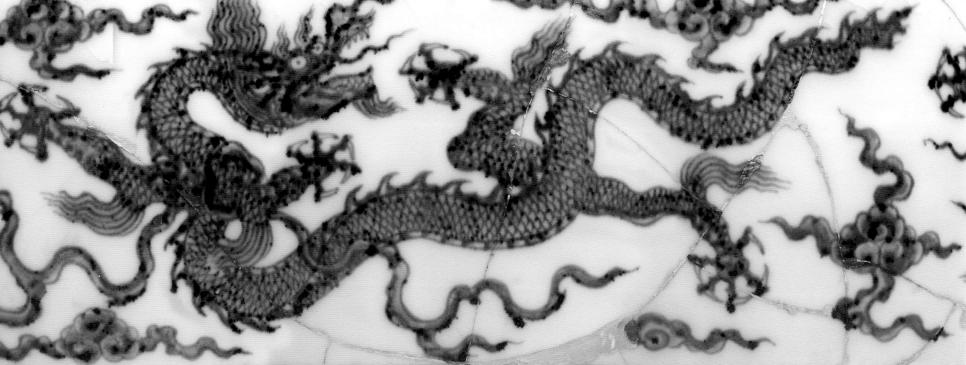

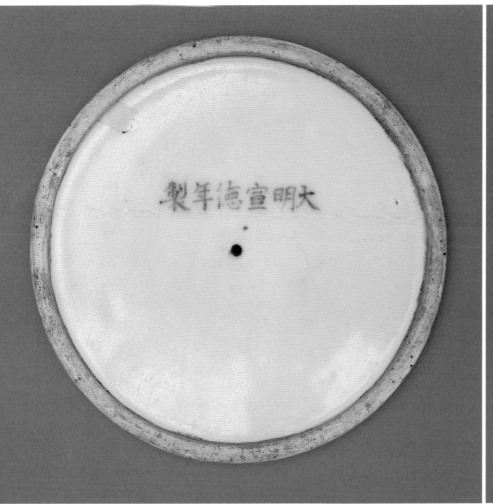
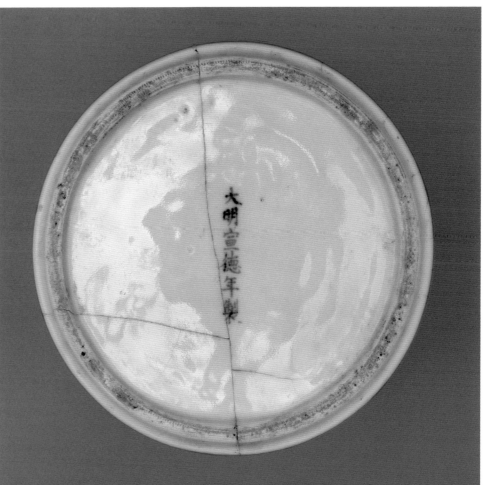
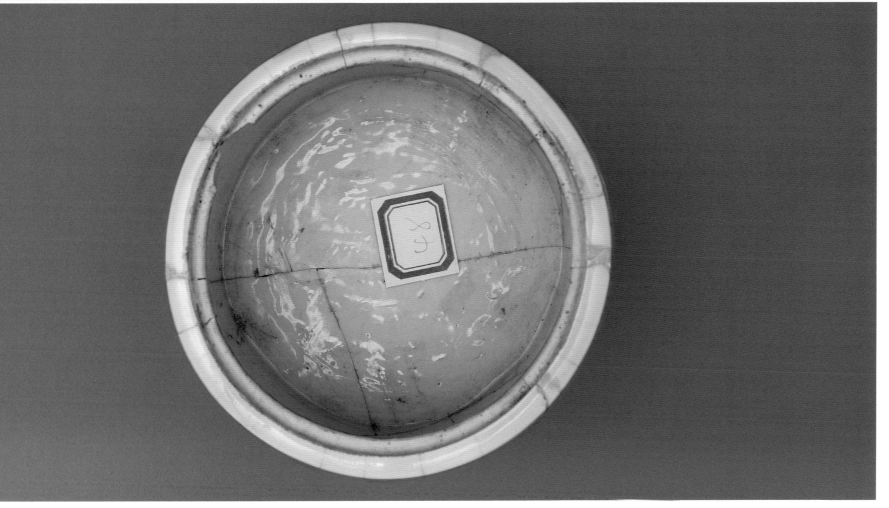

130

青花螭龙纹蟋蟀罐

明宣德

高 9.5 厘米　口径 13 厘米　腹径 14.1 厘米　足径 12.1 厘米

1993 年出土于御窑珠山

罐身鼓形，子母口，合拢时盖沿与罐口处于同一平面，圈足。圆形平盖，微凹，有孔。除盖身相交处外均施釉。外壁绘两五爪螭龙衔芝纹，其中一作回首状，两龙遥相呼应；盖面绘一五爪螭龙，作上升状，盖边沿以小朵灵芝装饰。盖里和足内正中分别书青花横排和竖排"大明宣德年制"单行六字楷书款。

Blue and white cricket jar with design of hornless dragon
Xuande Period, Ming Dynasty, Height 9.5cm mouth diameter 13cm belly diameter 14.1cm foot diameter 12.1cm, Unearthed at Zhushan, Imperial Kiln in 1993

131

青花云凤纹蟋蟀罐

明宣德

高 9.5 厘米　口径 13 厘米　腹径 14 厘米　足径 12.1 厘米

1993 年出土于御窑珠山

罐身鼓形，子母口，合拢时盖沿与罐口处于同一平面，圈足。圆形平盖，微凹，有孔。除盖身相交处及足跟外皆施釉。外壁绘云凤纹，凤鸡首、蛇颈、燕颔、龟背，尾一作绶带式，一作卷草式，当是一凤一凰，首尾相接，间饰云纹。盖面绘一凤，呈上升状，盖边以六出小朵花装饰。盖里和足内正中分别书青花横排和竖排"大明宣德年制"单行六字楷书款。

Blue and white cricket jar with design of phoenix and cloud
Xuande Period, Ming Dynasty, Height 9.5cm　mouth diameter 13cm　belly diameter 14cm　foot diameter 12.1cm, Unearthed at Zhushan, Imperial Kiln in 1993

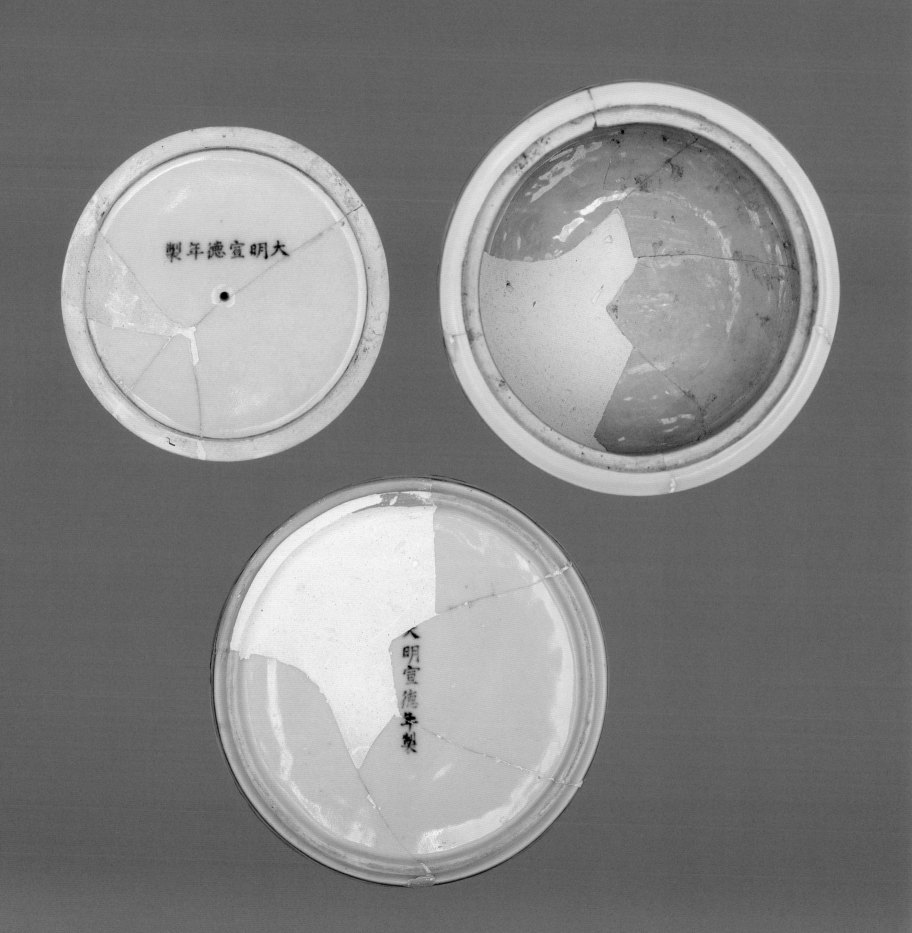

132

青花海兽纹蟋蟀罐

明宣德

高 9.5 厘米　口径 13 厘米　腹径 14.3 厘米　足径 12 厘米

1993 年出土于御窑珠山

罐身呈鼓形，口微敛，内壁口沿之下起一小台，以承器盖，使盖罐相交处呈子母口，合拢时盖沿与罐口处于同一平面。罐腹微鼓，下腹微内敛，圈足。盖圆形，面平，微凹，中心有一小孔。除盖身相交处及足跟外均施釉。外壁满饰海水纹，两只长有双翼的海兽相对出没其中；盖面亦绘海兽。盖里和足内正中分别书青花横排和竖排"大明宣德年制"单行六字楷书款。

Blue and white cricket jar with design of fictional sea animals
Xuande Period, Ming Dynasty, Height 9.5cm　mouth diameter 13cm　belly diameter 14.3cm　foot diameter 12cm, Unearthed at Zhushan, Imperial Kiln in 1993

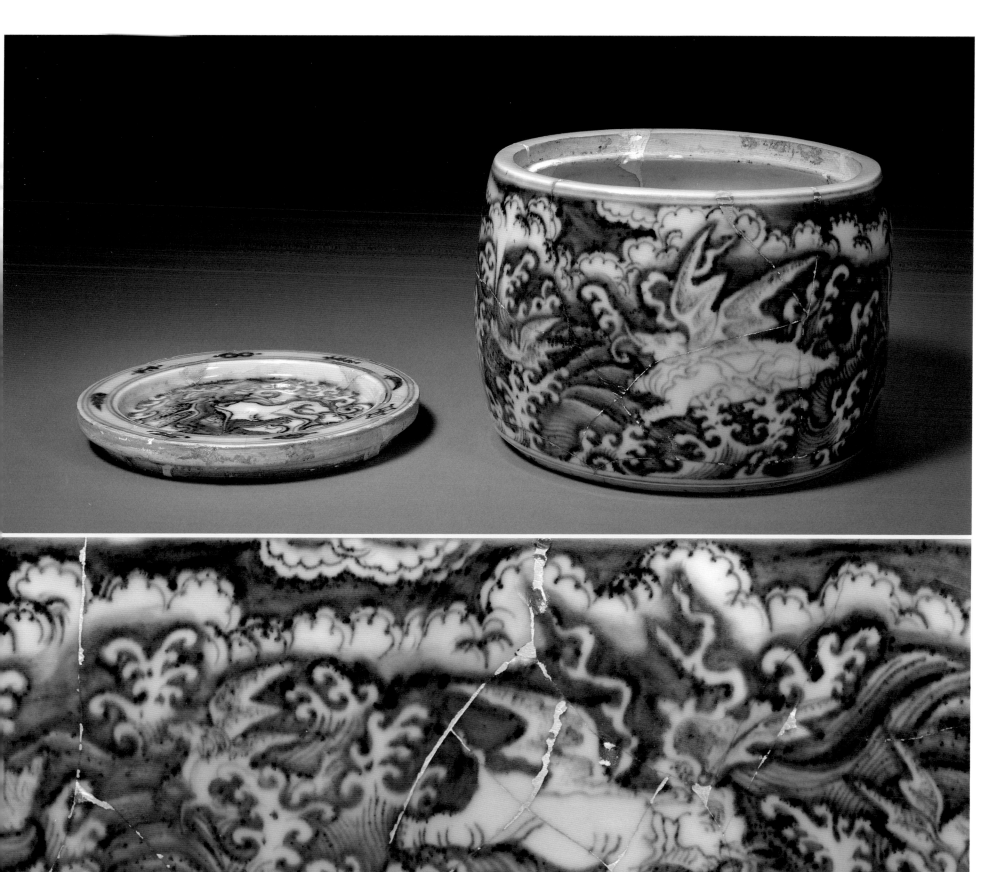

133

青花白鹭纹蟋蟀罐

明宣德

高 9.5 厘米　口径 13 厘米　腹径 14 厘米　足径 12 厘米

1993 年出土于御窑珠山

罐身鼓形，子母口，合拢时盖沿与罐口处于同一平面，圈足。圆形平盖，微凹，有孔。除盖身相交处外皆施釉。外壁绘汀渚花草，两只白鹭立于洲上，一只向前张望，另一只作回首状。又有两只白鹭立于水中，其中一只曲颈回首，与另一只相呼应；盖面亦绘两只白鹭，一只立于汀渚花草旁，另一只作展翅高飞状，并回首与其相望。盖里和足内正中分别书青花横排和竖排"大明宣德年制"单行六字楷书款。

Blue and white cricket jar with design of egrets
Xuande Period, Ming Dynasty, Height 9.5cm mouth diameter 13cm belly diameter 14cm foot diameter 12cm, Unearthed at Zhushan, Imperial Kiln in 1993

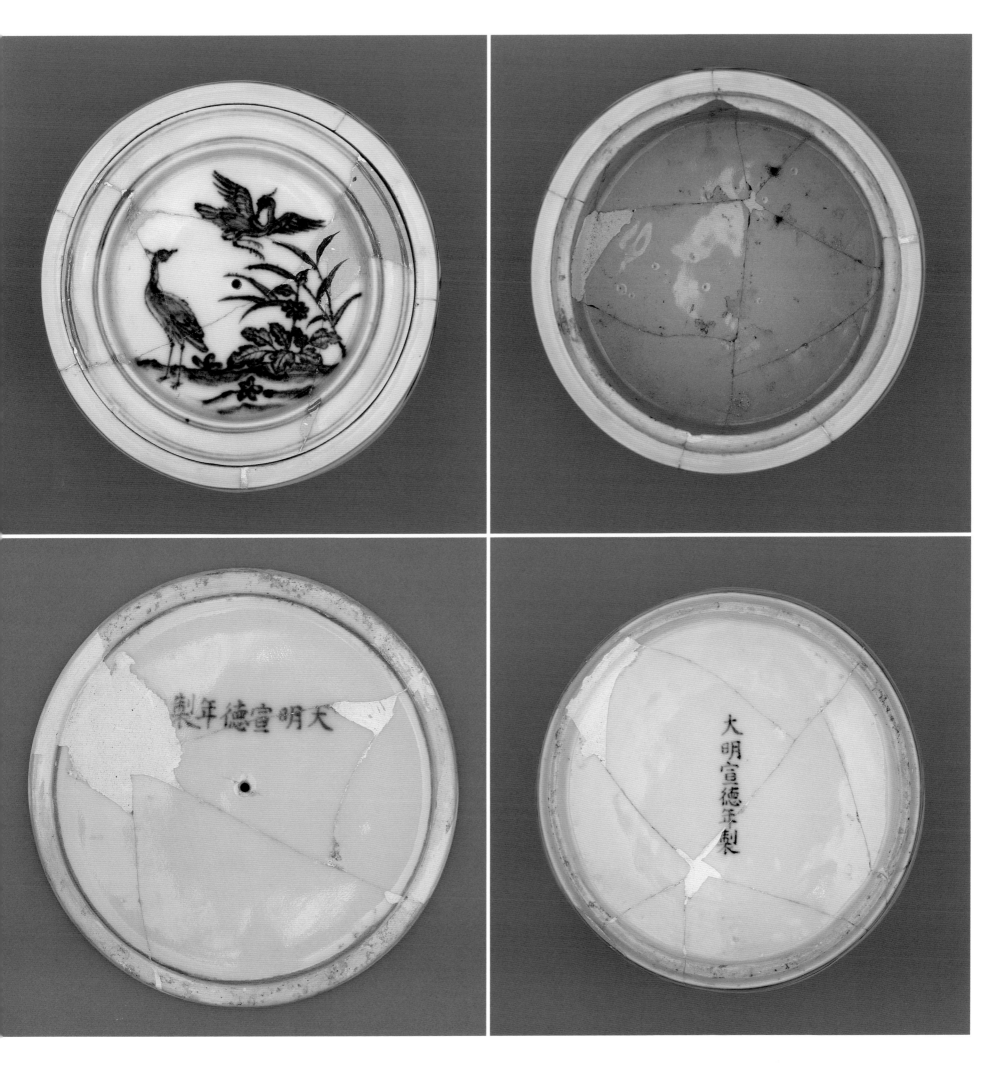

134

青花白鹭黄鹂纹蟋蟀罐

明宣德

高 9.5 厘米　口径 13.5 厘米　腹径 14 厘米　足径 12 厘米

1993 年出土于御窑珠山

罐身鼓形，子母口，合拢时盖沿与罐口处于同一平面，圈足。圆形平盖，微凹，有孔。除盖身相交处外皆施釉。外壁绘柳荫下两只互相呼应的黄鹂，作鸣叫状，汀渚草丛旁一行白鹭依次飞向高空；盖面亦绘两只黄鹂，一只立于枝头，另一只正向其飞去。描绘出了唐代诗人杜甫"两个黄鹂鸣翠柳，一行白鹭上青天"的诗意。盖里和足内正中分别书青花横排和竖排"大明宣德年制"单行六字楷书款。

Blue and white cricket jar with design of egrets and orioles
Xuande Period, Ming Dynasty, Height 9.5cm mouth diameter 13.5cm belly diameter 14cm foot diameter 12cm, Unearthed at Zhushan, Imperial Kiln in 1993

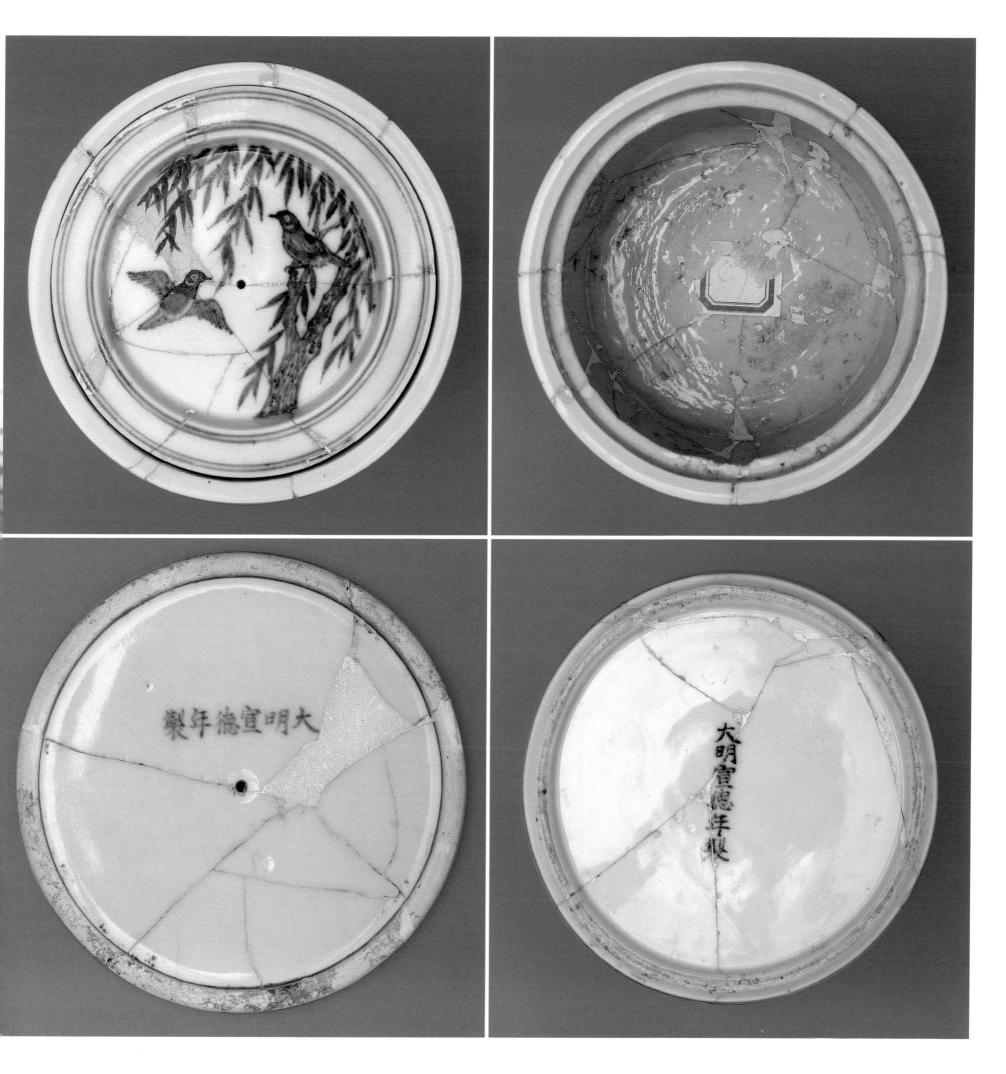

135

青花花鸟纹蟋蟀罐

明宣德

高 9.5 厘米　口径 13.2 厘米　腹径 14 厘米　足径 12.3 厘米

1993 年出土于御窑珠山

罐身鼓形，子母口，合拢时盖沿与罐口处于同一平面，圈足。圆形平盖，微凹，有孔。除盖身相交处外皆施釉。外壁绘樱桃树，其枝叶茂盛，向两边伸展，两只画眉鸟软语于枝头；盖面亦绘一鸟立于樱桃树枝上。画面和谐、生动。盖里和足内正中分别书青花横排和竖排"大明宣德年制"单行六字楷书款。

Blue and white cricket jar with design of flower and bird

Xuande Period, Ming Dynasty, Height 9.5cm mouth diameter 13.2cm belly diameter 14cm foot diameter 12.3cm, Unearthed at Zhushan, Imperial Kiln in 1993

136

青花缠枝牡丹纹蟋蟀罐

明宣德

高 9.5 厘米　口径 13 厘米　腹径 14 厘米　足径 12 厘米

1993 年出土于御窑珠山

罐身鼓形，子母口，合拢时盖沿与罐口处于同一平面，圈足。圆形平盖，微凹，有孔。除盖身相交处外皆施釉。外壁绘缠枝牡丹纹；盖面绘折枝牡丹纹，盖沿饰卷草纹。盖里和足内正中分别书青花横排和竖排"大明宣德年制"单行六字楷书款。

Blue and white cricket jar with design of interlocking peonies
Xuande Period, Ming Dynasty, Height 9.5cm mouth diameter 13cm belly diameter 14cm foot diameter 12cm, Unearthed at Zhushan, Imperial Kiln in 1993

青花瓜果纹蟋蟀罐

明宣德

高 9.5 厘米　口径 13 厘米　腹径 14 厘米　足径 12 厘米

1993 年出土于御窑珠山

罐身鼓形，子母口，合拢时盖沿与罐口处于同一平面，圈足。圆形平盖，微凹，有孔。除盖身相交处外皆施釉。外壁与盖面均绘瓜蔓缠绕，藤蔓间结一大一小两果实，大者为瓜，小者叫瓞，谓之"瓜瓞绵绵"，寓意子孙昌盛。盖里和足内正中分别书青花横排和竖排"大明宣德年制"单行六字楷书款。

Blue and white cricket jar with design of melon and fruit
Xuande Period, Ming Dynasty, Height 9.5cm mouth diameter 13cm belly diameter 14cm foot diameter 12cm, Unearthed at Zhushan, Imperial Kiln in 1993

138

青花折枝花纹过笼

明宣德

高 3.2 厘米　长 8.1 厘米　宽 4.6 厘米

1993 年出土于御窑珠山

过笼呈扇形，子母口，缺盖，平底无釉。两侧各有一方孔，前后两面均绘折枝花卉。

与该器同时出土的还有涩胎及仿汝窑过笼残片。过笼放置在蟋蟀养盆中，可使盆内空间变得复杂，蟋蟀就像在大自然的砖石孔隙中生存一样。还可在蟋蟀换盆时，握住过笼两头小孔，以免蟋蟀受到伤害。

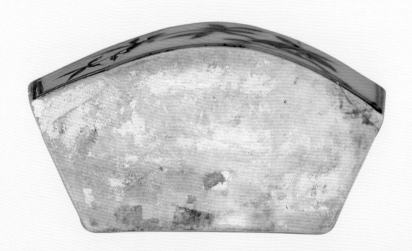

Blue and white compartment for cricket raising with design of disconnected sprays of flowers
Xuande Period, Ming Dynasty, Height 3.2cm　length 8.1cm　width 4.6cm, Unearthed at Zhushan, Imperial Kiln in 1993

青花折枝茶花纹鸟食罐

明宣德

高 4.5 厘米　口径 3.7 厘米　腹径 6.5 厘米

1984 年出土于御窑珠山

罐敛口，身扁圆，腹部有一小系。除口沿外均施釉。外壁用青料绘折枝茶花，底用瓷泥堆塑六出小花一朵。口沿处青花书"大明宣德年制"六字楷书横款。

Blue and white container for bird's food with design of disconnected sprays of camellias
Xuande Period, Ming Dynasty, Height 4.5cm mouth diameter 3.7cm belly diameter 6.5cm, Unearthed at Zhushan, Imperial Kiln in 1984

140 青花缠枝茶花纹鸟食罐

明宣德
高 4 厘米　口径 3.9 厘米　腹径 6.8 厘米　底径 3.5 厘米
1993 年出土于御窑珠山

罐敛口，鼓腹，腹部有一小系，平底。除底外均施釉。外壁用青料绘缠枝茶花。此器应有款，因口沿残缺，故不能见其款。

Blue and white container for bird's food with design of interlocking camellias
Xuande Period, Ming Dynasty, Height 4cm mouth diameter 3.9cm belly diameter 6.8cm bottom diameter 3.5cm, Unearthed at Zhushan, Imperial Kiln in 1993

青花缠枝瓜叶纹瓜形鸟食罐

明宣德

高 4.5 厘米　口径 4.3 厘米　长 6.9 厘米　宽 6.4 厘米

1984 年出土于御窑珠山

罐敛口，身扁圆，腹部有并列双系，腹中部有一道凸棱，平底。除口沿外均施釉。外壁用青料绘缠枝瓜叶纹，口沿留白处青花书"大明宣德年制"六字楷书横款。

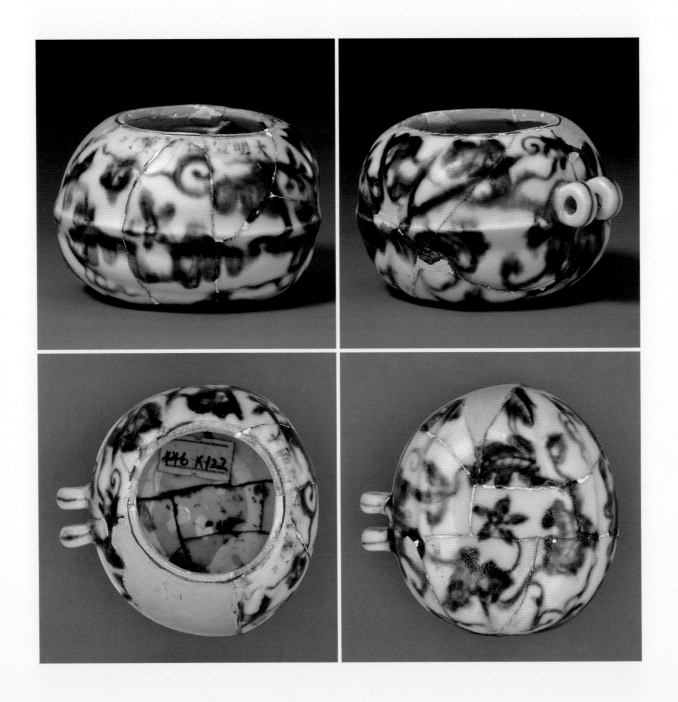

Blue and white melon-shaped container for bird's food with design of interlocking melon and leaf
Xuande Period, Ming Dynasty, Height 4.5cm　mouth diameter 4.3cm　length 6.9cm　width 6.4cm, Unearthed at Zhushan, Imperial Kiln in 1984

142 青花折枝茶花纹六边形鸟食罐

明宣德

高 3.3 厘米　口径 2.5 厘米　腹径 4.3 厘米　底径 2.5 厘米

1993 年出土于御窑珠山

罐小圆口，身呈六边形，腹部有一小系，平底。除底外均施釉。外壁用青料绘折枝茶花，肩部青花回纹留白处青花书"大明宣德年制"六字楷书横款。

Blue and white hexagonal container for bird's food with design of disconnected sprays of camellias
Xuande Period, Ming Dynasty, Height 3.3cm　mouth diameter 2.5cm　belly diameter 4.3cm　bottom diameter 2.5cm, Unearthed at Zhushan, Imperial Kiln in 1993

青花五毒纹蟾蜍形鸟食罐

明宣德

高 4.3 厘米　口径 3.4 厘米　长 8.3 厘米

1993 年出土于御窑珠山

罐呈蟾蜍形，底部有三趾。除三趾外均施白釉。以青花为饰，口沿盘一毒蛇，蝎子、蜈蚣、蜥蜴等毒物贴身于外壁。以青料在罐身点绘出蟾蜍身上的小疣。口沿下留白处青花书"大明宣德年制"六字楷书横款。底有支钉痕。

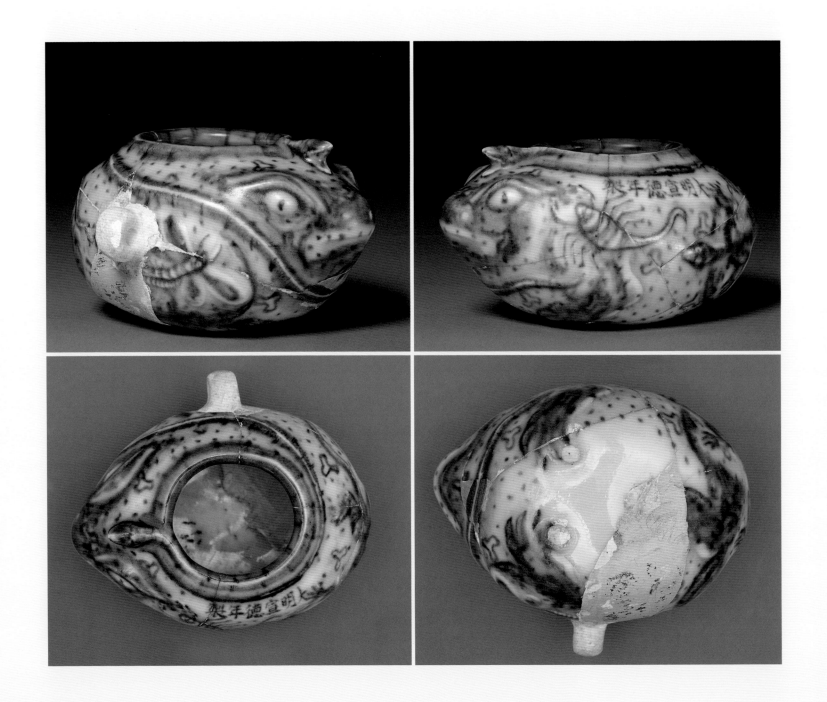

Blue and white toad-shaped container for bird's food with design of five animals with venom
Xuande Period, Ming Dynasty, Height 4.3cm　mouth diameter 3.4cm　length 8.3cm, Unearthed at Zhushan, Imperial Kiln in 1993

青花折枝花卉纹竹节形鸟食罐

明宣德

高 3.5 厘米　长 4.2 厘米

1984 年出土于御窑珠山

罐作竹节形，腹部有双系（缺一系）。内外均施白釉，器口无釉。外壁绘折枝花卉，两侧用青料绘"凸"形朵云，口沿留白处青花书"大明宣德年制"六字楷书横款。

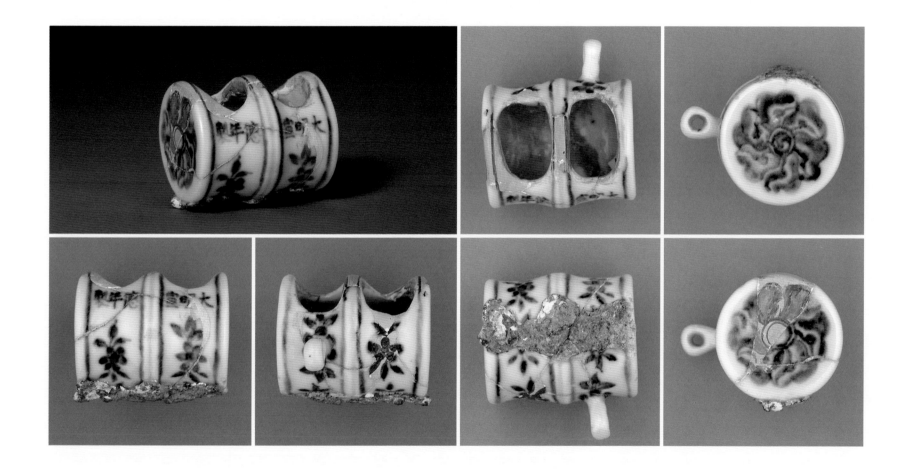

Blue and white bamboo-shaped container for bird's food with design of disconnected sprays of flowers
Xuande Period, Ming Dynasty, Height 3.5cm　length 4.2cm, Unearthed at Zhushan, Imperial Kiln in 1984

145 青花缠枝花卉纹竹节形鸟食罐

明宣德

高 5.3 厘米　长 10.1 厘米　宽 5.5 厘米

1993 年出土于御窑珠山

罐呈竹节形，中空，腹部有两系。内外均施白釉，器口无釉。两头模压出盛开的芙蓉花，并以青料涂绘花瓣，使之有明显的层次感；身绘缠枝花卉纹，留白处青花书"大明宣德年制"六字楷书横款。

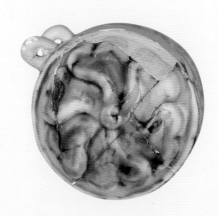

Blue and white bamboo-shaped container for bird's food with design of interlocking flowers
Xuande Period, Ming Dynasty, Height 5.3cm　length 10.1cm　width 5.5cm, Unearthed at Zhushan, Imperial Kiln in 1993

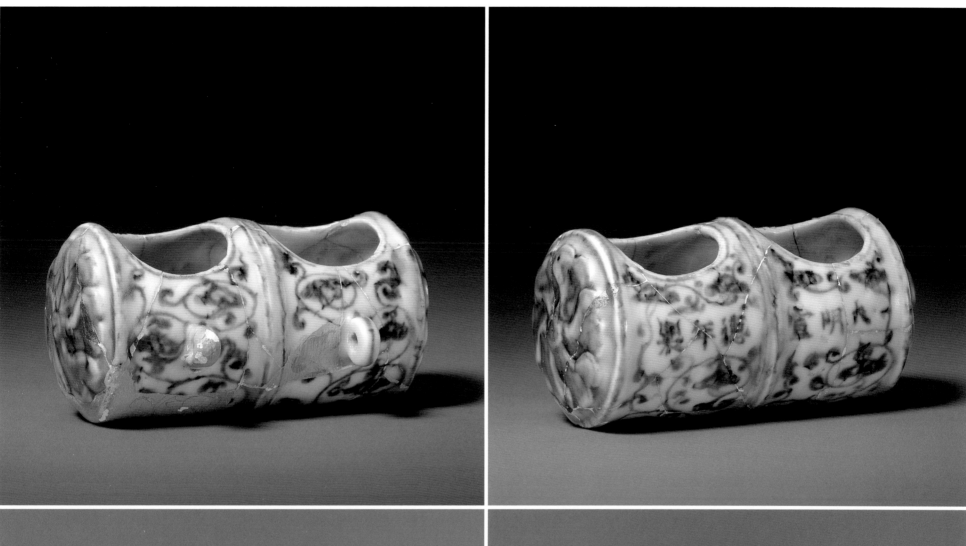

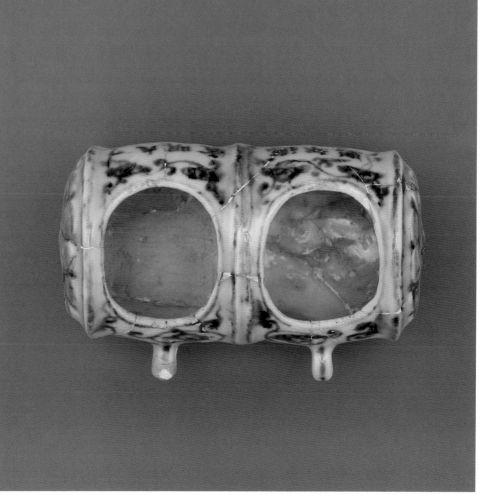

青花花卉纹石榴形双联鸟食罐

明宣德

高 5.8 厘米　长 11.1 厘米　宽 6.7 厘米

1993 年出土于御窑珠山

罐呈连体石榴形，互不相通，腹外壁各有一小系。内外均施白釉，器口无釉，为覆烧所致。外壁绘花卉纹。在其中一石榴口沿留白处青花书"大明宣德年制"六字楷书横款。

以笼养鸟始见于汉，但宋以前置于笼中的鸟食罐造型简单，釉色单一。景德镇窑青花鸟食罐始见于元，到宣德时大量出现，品类较之前大为丰富，除各式几何形之外，还有像生器及鸟笼花瓶等，反映出了宣德帝的生活情趣。

Blue and white twin pomegranate-shaped container for bird's food with design of flower
Xuande Period, Ming Dynasty, Height 5.8cm length 11.1cm width 6.7cm, Unearthed at Zhushan, Imperial Kiln in 1993

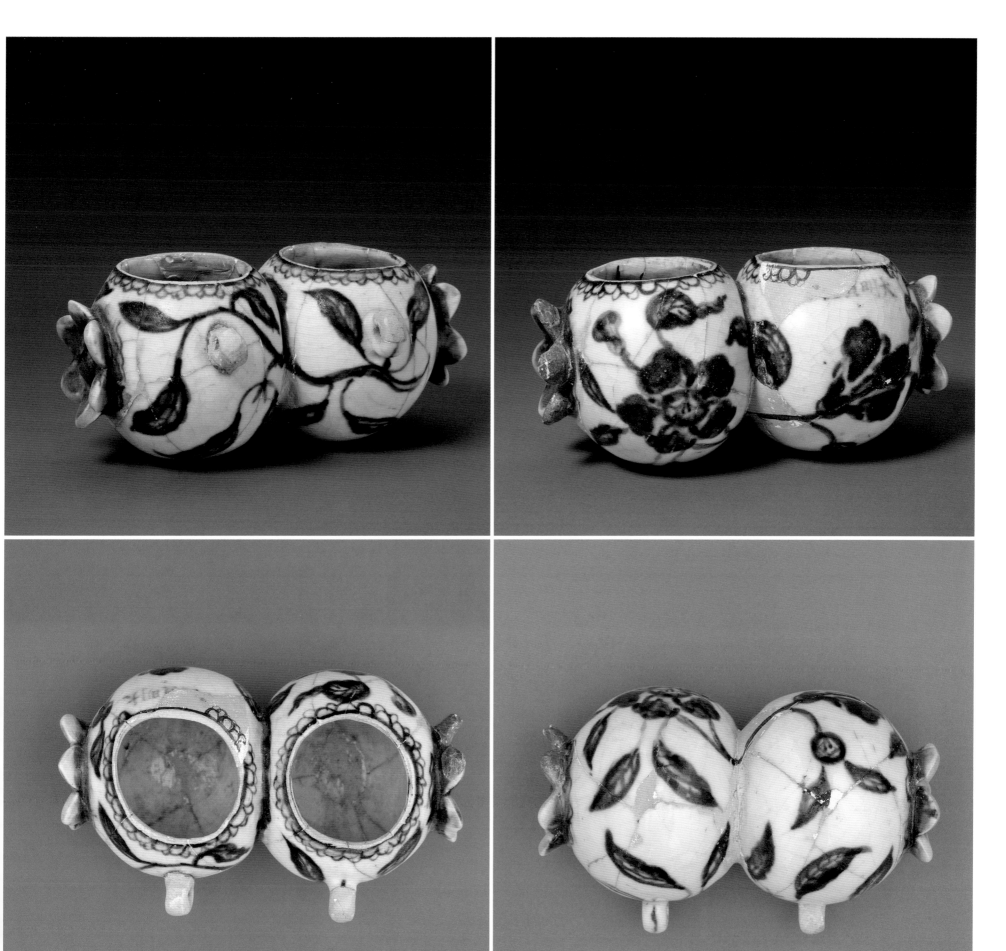

147 | 青花剔螭龙纹鸟食罐

明宣德

高 3.7 厘米　口径 4.9 厘米　腹径 6.6 厘米　底径 4.4 厘米

1984 年出土于御窑珠山

罐敛口，身扁圆，腹部有一小系，平底。除底外均施釉。外壁剔螭龙一条，填以白釉，并以青料涂地使得螭龙漂浮于其上。口沿下留白处青花书"大明宣德年制"六字楷书横款。

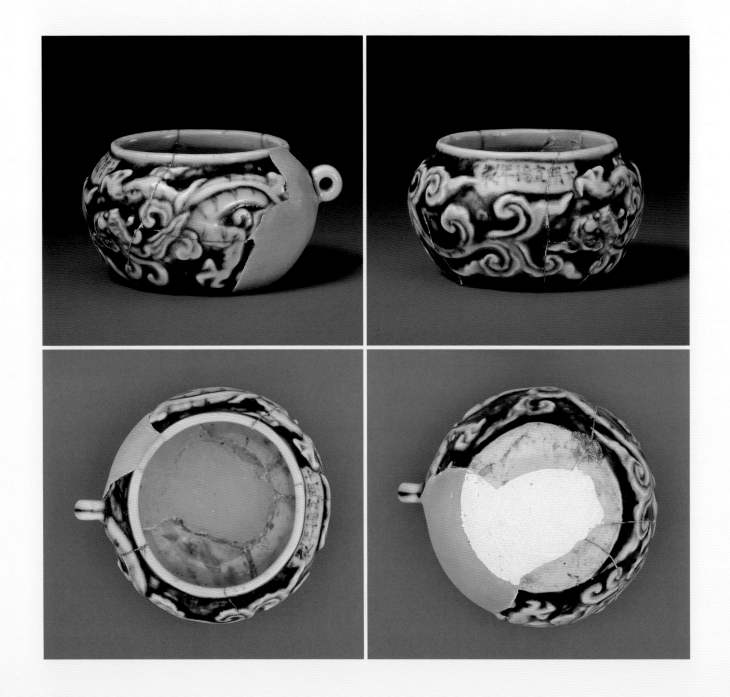

Blue and white container for bird's food with cut design of hornless dragon
Xuande Period, Ming Dynasty, Height 3.7cm　mouth diameter 4.9cm　belly diameter 6.6cm　bottom diameter 4.4cm, Unearthed at Zhushan, Imperial Kiln in 1984

青花剔枇杷纹鸟食罐

明宣德
高 3.6 厘米　口径 4.4 厘米　腹径 6.9 厘米
1993 年出土于御窑珠山

罐敛口，身扁圆，腹部有一小系。除口沿外均施釉。外壁剔出枇杷果叶纹，并以青料描绘，留白处青花书"大明宣德年制"六字楷书横款。

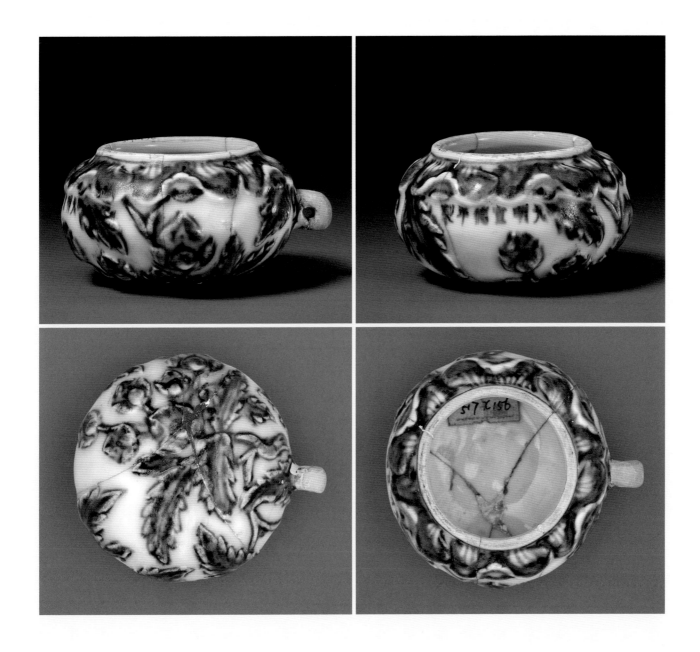

Blue and white container for bird's food with cut design of loquat grain
Xuande Period, Ming Dynasty, Height 3.6cm mouth diameter 4.4cm belly diameter 6.9cm, Unearthed at Zhushan, Imperial Kiln in 1993

青花剔卷草纹鸟食罐

明宣德

高 3.8 厘米　口径 4.2 厘米　腹径 6.5 厘米　底径 3.9 厘米

1984 年出土于御窑珠山

罐敛口，身扁圆，腹部有并列双系，平底。除底外均施釉。外壁剔卷草纹填以白釉，并以青料涂地。口沿下留白处青花书"大明宣德年制"六字楷书横款。

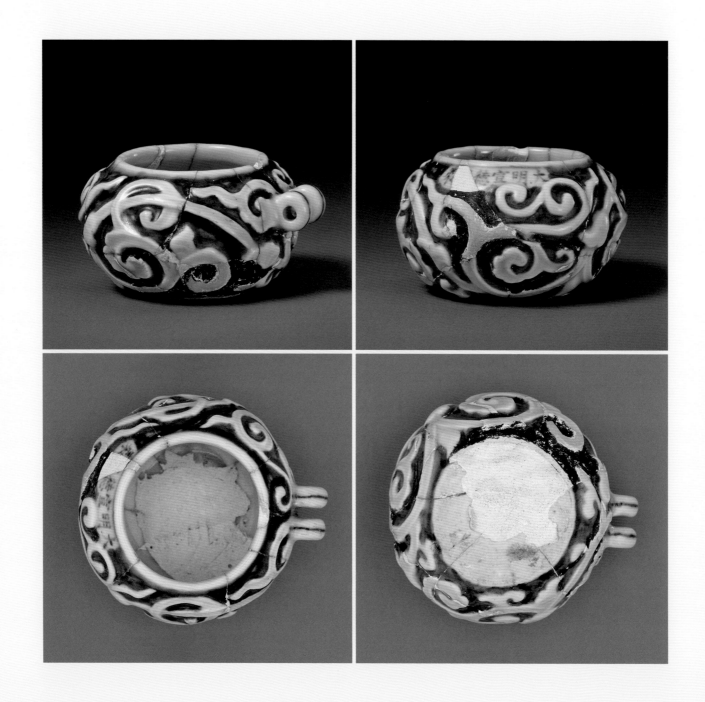

Blue and white container for bird's food with cut design of grass scrolls

Xuande Period, Ming Dynasty, Height 3.8cm　mouth diameter 4.2cm　belly diameter 6.5cm　bottom diameter 3.9cm, Unearthed at Zhushan, Imperial Kiln in 1984

青花塑人物花卉纹鸟食罐

明宣德
高 4.5 厘米　口径 3.8 厘米　底径 4.5 厘米
1982 年出土于御窑珠山

罐敛口，身扁圆，腹部并列双系，平底。除口沿外均施釉。身以瓷泥堆塑出嬉戏人物及花卉，以青料涂地并勾画出人物神态及衣着。虽寥寥几笔却生动可爱。

此器应有款，因口沿残缺，故不能见其款。

Blue and white container for bird's food with shaped figure and flowers
Xuande Period, Ming Dynasty, Height 4.5cm mouth diameter 3.8cm bottom diameter 4.5cm, Unearthed at Zhushan, Imperial Kiln in 1982

青花竹节形花插

明宣德

高 5.1 厘米　口径 3.1 厘米　足径 3.1 厘米

1984 年出土于御窑珠山

花插呈竹节形，腹部有一"S"形小系，矮圈足。除口沿外均施釉。外壁用青料涂饰三周，器口留白处青花书"大明宣德年制"六字楷书横款。

此器小口深壁，腹部又有小系，当非独立陈设器，应是明高濂《遵生八笺·燕闲清赏笺·论官哥窑器》中之编笼小花瓶。

Blue and white bamboo-shaped flower receptacle

Xuande Period, Ming Dynasty, Height 5.1cm mouth diameter 3.1cm foot diameter 3.1cm, Unearthed at Zhushan, Imperial Kiln in 1984

152 青花海水纹竹节形花插

明宣德

高 6.6 厘米　口径 2.6 厘米　底径 2.6 厘米

1993 年出土于御窑珠山

花插呈竹节形，腹部有一小系，平底。除口沿外均施釉。外壁与器底均绘青花海水纹。器口留白处青花书"大明宣德年制"六字楷书横款。

Blue and white bamboo-shaped flower receptacle with design of waves
Xuande Period, Ming Dynasty, Height 6.6cm mouth diameter 2.6cm bottom diameter 2.6cm, Unearthed at Zhushan, Imperial Kiln in 1993

327

153 青花方格纹琮式花插

明宣德

残高 7.5 厘米　底径 2.7 厘米

1984 年出土于御窑珠山

花插小圆口，方腹，台阶式座，平底，腹部有一小系。通体施釉，底无釉。腹部各面两侧均饰方格纹，器座饰莲瓣纹。

玉琮作为一种礼器出现于新石器时代，此器造型当是模仿古代玉琮。

Blue and white Cong style flower receptacle with checkered design
Xuande Period, Ming Dynasty, Height of remain 7.5cm　bottom diameter 2.7cm, Unearthed at Zhushan, Imperial Kiln in 1984

154 青花缠枝莲纹贯耳瓶式花插

明宣德

高 6 厘米　口径 1.5 厘米　腹径 3.7 厘米　足径 2.6 厘米

1993 年出土于御窑珠山

花插身呈瓜棱状，直口，长颈，贯耳，腹部有一小系，圈足。通体施釉。外壁用青料绘缠枝莲纹，颈部留白处青花书"大明宣德年制"六字楷书横款。

Blue and white vase-shaped flower receptacle with design of interlocking lotus
Xuande Period, Ming Dynasty, Height 6cm mouth diameter 1.5cm belly diameter 3.7cm foot diameter 2.6cm, Unearthed at Zhushan, Imperial Kiln in 1993

155 青花花卉纹盘

明宣德

高 3.9 厘米　口径 17.6 厘米　足径 11.2 厘米

1993 年出土于御窑珠山

盘侈口，弧腹，高圈足。通体施釉。内壁绘有花卉五朵，并于每朵右侧书写编号。其中四朵以青花料绘制，另一朵呈深褐色，其具体用料还有待进一步检测证实。

由于青花料等彩料的产地不同，配方不同，其呈色效果必然不一样。为能准确了解各种彩料烧出的颜色，工匠就将不同的彩料画于盘上，并做好编号，试烧后再进行选择，于是便产生了这种试料器。

Blue and white plate with design of flowers
Xuande Period, Ming Dynasty, Height 3.9cm mouth diameter 17.6cm foot diameter 11.2cm, Unearthed at Zhushan, Imperial Kiln in 1993

专论

Essays

略论明初外销瓷

江建新

一　关于明初外销瓷

　　就有关文献与遗物来看，入明以后朱元璋从元政权手中接管了元官窑——浮梁瓷局，于洪武二年设陶厂开始烧造，同时即有外销瓷的生产，明御厂遗址曾出土有与元青花风格相似的大盘、大碗等，这与《明史》记载洪武十六年曾赠予占城、暹罗和真腊瓷器相印证，应属明代早期对于各国的"赏赐"或外销瓷。朱棣从其侄儿建文帝手中夺得政权之后，便"锐意通四夷"，向往在临御之年大明王朝出现一个为前代未曾有过的太平天下、万国咸宾的盛世。于是有了郑和七下西洋的壮举，郑和的庞大舰队不仅发挥了沟通域外的作用，也促成了东西方文明交流高潮的到来，永乐二十一年（1423 年），出现南浡利、苏门答腊、阿鲁及满剌加等 16 国派遣使节 1200 多人到北京朝贡的盛况[1]，伴随着东西方交流的频繁，通过礼品交换与贸易，当时中国与东亚、东南亚、南亚、西亚、中亚和非洲等地进行了广泛交流，景德镇明初官窑青花瓷成为这一交流中的主要载体。

　　航海技术的发展为瓷器运输提供了前所未有的便利，明初景德镇青花瓷在海外大量出现，便是明初对外交往盛况空前的反映。马欢的《瀛涯胜览》、费信的《星槎胜览》以及《郑和航海图》等史籍中，都有较为充分的反映。根据文献与实物相互印证得知，在当时输出的大量瓷器中，青花瓷是主要品种之一，这其中除了少部分作为给予当地上层的礼物外，大部分瓷器是在海外进行贸易之用。当年下西洋经历亚、非 30 多个国家和地区，所到之处大都是港口，包括占城（今越南南部）、爪哇（今印度尼西亚）、暹罗（今泰国）、满剌加（今马来西亚马六甲）、苏门答腊（今印度尼西亚）、锡兰（今斯里兰卡）、柯枝（今印度科钦）、古里（今印度卡里卡特）、溜山（今马尔代夫）、祖法儿（今阿曼佐法儿）、阿丹（今也门亚丁）、榜葛拉（今孟加拉）、忽鲁谟斯（今伊朗霍尔木兹）、天方（今沙特阿拉伯麦加）、木骨都束（今索马里摩加迪沙）、卜剌哇（今索马里布腊瓦）、麻林（今肯尼亚马林迪）、比剌（今莫桑比克）以及孙剌（今莫桑比克索法拉河口）等[2]，这些地方大都有青花瓷的出土。

　　马欢在《瀛涯胜览》中记载爪哇"国人最喜中国青花磁器"[3]，并记录与所到 5 国进行了瓷器贸易。同样跟随下西洋亲历海外的费信在《星槎胜览》中记载瓷器 28 处，其中旧港记录了青、白瓷和大小瓷器两处。明确指出用青花瓷交易的国家有 9 处：暹罗、锡兰山、柯枝、古里、忽鲁谟斯、榜葛拉、大嗬、阿丹和天方，这约占总数的三分之一。用青、白瓷交易的国家有 4 处：旧港、满剌加、苏门答腊和龙牙犀角。以其他瓷器交易的地方 15 处：交栏山、旧港、花面国、剌撒、淡洋、吉里地闷、琉球、三岛、苏禄、佐法儿、竹步、木骨都束、溜洋、卜剌哇和阿鲁[4]，以上地点半数以上发现有 15 世纪初青花瓷出土。

　　关于郑和船队的贸易活动，在埃及马穆鲁克王朝史料中也有记载。马格里兹在他的《道程志》中记述了希吉来历 835 年（宣德七年）郑和第七次远航船队的数艘船到达印度海岸，其中两艘到达阿丹港时，明确有用"（载来的）陶器、丝绸、麝香等商品"进行交易的记载。"那两艘戎克的首领便向麦加的埃米尔希拉夫、伯拉克特·本·哈桑·本·艾兰和秩达的纳兹尔、沙特丁·易卜拉欣·本·姆拉呈递了书信，要求准许他们前往秩达。于是，伯拉克特和沙特丁二人便请求（马穆鲁克朝）苏丹（巴鲁士贝）俯允，并说，他们到来时将会获得很大的利润。因此苏丹回答说，让他们来航，并殷勤地接待他们。"伊本·哈吉·阿斯格兰接下去做了记述："希吉来历 835 年，数艘中国戎克船载着不计其数的奢侈品到达麦加，并在麦加卖掉了那些货物。"[5]

日本学者三上次男的调查研究显示，在伊朗东北部大城市马什哈德（麦什特）的博物馆、德黑兰考古博物馆、大不里士的阿塞拜疆博物馆、阿富汗喀布尔的商店、印度孟买和海德拉巴的博物馆以及斯里兰卡科伦坡博物馆、马来西亚沙捞越古晋博物馆、印度尼西亚雅加达国立博物馆以及土耳其伊斯坦布尔托普卡普博物馆，都有约 15 世纪初的中国青花瓷收藏[6]，这些瓷器都是明初外销瓷的遗物。

中国瓷器沿阿拉伯海西运，到达伊朗各港口和内陆地区。在北非，曾在开罗进行过调查的霍布森说："在开罗周围到处散布着青花瓷片。"好像中国瓷器当时已普及到了开罗的千家万户。在苏伊士南约 550 公里的红海海岸的库赛尔，自法老时代以来便是埃及红海沿岸唯一稍具规模的港口城市，长期以来不断出土中国古瓷片，其中就有元末明初景德镇的青花瓷[7]。根据我国学者马文宽、孟凡人《中国古瓷在非洲的发现》一书统计，在非洲约有 17 个国家和地区，200 多个地点发现了中国古瓷，散布的地域广阔，数量惊人，瓷器种类丰富，延续时间很长。而非洲出土中国古陶瓷各遗址中，几乎都发现有明代青花瓷[8]。

在东非，索马里、肯尼亚、坦桑尼亚等地，也都有青花瓷的发现。肯尼亚的安哥瓦纳位于塔纳河口之北，是东非最有代表性的古城遗址。遗址内有两座大清真寺，还有小清真寺和一些墓葬。1953 ～ 1954 年柯克曼在这里发掘出土许多元、明时期的青瓷和明代青花瓷。特别是在清真寺八号柱墓附近有一件明永乐时期的青花瓷碗。他还在马林迪发现了两座 15 世纪时的柱墓，墓壁上镶嵌着青瓷、青白瓷和青花瓷碗，是 14 ～ 16 世纪的产品[9]。在肯尼亚给他古城的一些遗址中，也发现了一批元末明初的瓷器残片，其中有两件完好的永乐时期的盘和碗[10]。2010 ～ 2012 年北京大学对肯尼亚沿海地区以往经过正式考古调查和发掘的 21 处古代遗址和 7 个其他单位出土的中国瓷器进行了调研，对肯尼亚格迪古城出土的 580 件中国瓷器进行了年代与产地分析，其中有景德镇元末明初、明代早期及中后期瓷器，研究者根据大量遗物认为，早在郑和下西洋以前的明代初期实际上是中国瓷器外销的一个高峰[11]。

根据以上文献和实物可见，明代初期，景德镇外销瓷已经逐步取代了中国其他窑场的传统青瓷、白瓷，成为中国外销瓷的主流。这些瓷器陆续流布到中东、欧洲、北非等地区，成为世界上最早的全球化商品，标志着早期全球化的开始。然而在 20 世纪 50 年代以前，人们还不知道明初外销瓷的具体情况，在此之后人们虽有所认识，但对这一时期整个外销瓷面貌的认识却不是十分清楚。1982 ～ 1995 年景德镇明御厂遗址陆续出土大量明初外销瓷，这类青花瓷器器形硕大，制作规整，花纹和造型具有伊斯兰风格，可与收藏在伊朗、土耳其国家博物馆的景德镇明初青花瓷相印证，为研究明初外销瓷提供了十分珍贵的资料，以下根据明御窑厂遗址出土资料，拟对这一时期的外销瓷作一考察。

二 洪武官窑外销瓷

人们对洪武瓷器的认识和研究，始于 20 世纪 50 年代，1956 年美国学者约翰·亚历山大·波普根据伦敦大维德基金会收藏的一对有"至正十一年"铭的青花象耳长颈瓶，在伊朗阿德卑尔回教寺院与土耳其伊斯坦布尔托普卡普博物馆确定了一批"至正型"元末成熟期的青花瓷，同时又指出了一组既有元青花又有明永、宣青花特点的所谓洪武瓷器[12]。1964 年南京明故宫玉带河发现一批洪武瓷片[13]，1984 年北京第四中学基建工地也出土了数千片洪武瓷片[14]，随着为数不少的洪武纪年墓瓷器出土和日本学者对传世百余件洪武器的统计研究[15]，尤其是 1995 年珠山明御厂故址洪武官窑瓷器的大量出土，人们对洪武器的认识日愈清晰。

图一　明洪武青花缠枝四季花卉纹碗

1995年景德镇市政府在明御厂东院建宿舍楼，景德镇陶瓷考古研究所为配合基建在该工地进行考古调查，发现一明初官窑瓷片堆积，并进行抢救性发掘清理，出土大量洪武与永乐官窑瓷，根据出土资料来看，出土瓷器有一部分是洪武与永乐外销瓷，其中洪武外销瓷品类较为丰富，器形硕大，制作精美。其产品主要有青花折枝花卉纹盖罐、青花执壶、青花直口大碗、釉里红缠枝莲纹撇口大碗、青花折沿与菱花口大盘等[16]。

（一）器类

1. 碗

常见有大小两种：一为深腹大足碗，口径约20厘米，直口或侈口二式，胎壁较厚，挖足较浅，足墙方直，圈足内底有较薄刷釉和较厚乳浊釉两种；一为直壁大碗，口径约40厘米，圈足大而浅，砂底，此类大碗为洪武时特有。1995年珠山明御厂故址出土两式极为罕见的洪武碗：一为青花窝形小足碗（图一），浅斜壁，足底刷白釉，内绘折枝花纹，外饰缠枝四季花卉，有口径28厘米和22厘米两种，其造型源于元代，永乐时继续烧造，但器壁较薄；一为釉里红敞口大碗，深腹小足，涩底洁白，胎壁较厚，有口径38厘米和32厘米两种[17]。

2. 盘

有两式：一为菱口折沿大盘，浅弧壁呈花瓣状起棱；一为板沿圆口，此类盘比元代大盘底厚，足底无釉呈火石红。

3. 盏与盏托

盏为直口卧足小杯。盏托为花口，大浅圈足，砂底。此类器物永乐时亦有烧造，差异是永乐盏有圈足，盏托圈足较小，底有釉。

4. 执壶

壶身为玉壶春瓶形，弯流细长与壶口平高，足底有釉，流与颈部有一云板饰件相连，壶柄下端接头有三个仿金属器皿的铆钉，此为洪武执壶所独有的装饰。该器造型仿自14世纪伊斯兰金属器。

5. 玉壶春瓶

短颈，颐腹，造型不如元代秀丽。带珠顶盖玉壶春瓶为洪武罕见之造型。

6. 梅瓶

有两式，一为圆肩，器身修长，与元代梅瓶相似；一为直口，丰肩束腰，底部呈八字外撇，其形制不见于元，似为洪武时独创。

7. 珠顶荷叶形大盖罐

器形与元代的相比，腹厚、罐身长（高66厘米），但由于器身作成瓜棱和采用竖向条形花纹装饰，因此虽然其形体巨大，却也有几分挺拔秀丽之感。

（二）产品主要特征

1. 青花料

洪武青花色泽总体上看不如元青花浓艳凝重，传世与出土的洪武青花有两种明显的色泽：一种近似元青花，色泽深蓝，有晕散感，但比元青花偏灰；一种呈暗灰色，显一点淡蓝色。以往学者根据洪武青花色泽灰暗的特点和元末明初中西交通不畅的历史原因，认为从伊斯兰地区进口的青花钴料中断，所以洪武时代青花使用的是国产料[18]。近据中科院上海硅酸盐研究所对洪武青花的测试结果证实，洪武青花与元青花使用的是同一种钴土矿，即高铁低锰的进口料。其青花色调偏灰，可能是烧成温度和气氛方面的原因所致[19]。

2．红釉与釉里红

洪武红釉一般呈色均匀，釉层较薄，透明度较好，但红中微微泛黄，不如永、宣时期祭红器鲜艳纯正，红中偏黄是洪武红釉器的时代特征[20]。其偏黄可能是由于洪武红釉的铁含量较高所致。

洪武釉里红的呈色常见有两种：一有晕散，色泽浓艳带黑色；一为偏淡灰，无晕散。洪武釉里红总体来看均偏灰，既不如元代的红色纯正，也没有永乐后期色釉鲜艳，红中偏灰是洪武釉里红的时代特征。

（三）纹饰特征

洪武外销瓷青花与釉里红纹饰大体相同，从总体上看，其纹饰有元青花意味，但比元青花构图简单，层次亦显疏朗。纹饰题材亦大量减少，如元代流行的人物故事、鱼藻、瑞兽、鸳鸯莲池等均不见，而以花卉为主，常见主题纹饰有菊、牡丹、灵芝、石榴、宝相、荷花，少见的有湖石栏杆、芭蕉、竹石、竹叶灵芝、湖石竹、松竹梅等；边饰有卷草纹、回纹、海水纹、蕉叶纹、缠枝灵芝及莲瓣纹等。根据对洪武时代纹饰排比观察可见：

第一，莲瓣纹每瓣的边框相互借用连接，大莲瓣内绘小朵宝相团花或如意纹为洪武首创；

第二，回纹多数已成正反二回一组的结构，与元代同向回纹相异；

第三，器壁起棱并在每瓣上饰小朵折枝花为洪武特有；

第四，单独采用多方连续工整缠枝花作主题装饰纹样为洪武常见；

第五，白釉及红釉器底心刻一朵折带云与品字三朵折带云或五朵（二大三小）首见于洪武瓷器，并为永乐青花继承；

第六，松竹梅纹有元末文人画意蕴，其常见的松树虬枝苍劲，松叶绘扇形，与永乐松树干挺枝秀和球形松叶相比迥然大异。

（四）相关问题

1368 年朱元璋建立大明王朝，第二年便在景德镇珠山，即元官窑（浮梁磁局）所在地，恢复官窑制度，置厂烧造宫廷瓷[21]。据《大明会典·工部》"陶器条"载："洪武二十六年定，凡烧造供用器皿等物，须定夺样制，计算人工物料。如果数多，起取人匠赴京，置窑兴工。或数少，引移饶、处等处烧造。"《明太祖实录》洪武十八年十一月己未朔甲子条载："朕思微时兵荒饥馑，日食藜藿，今日贵为天子，富有天下，未尝一日忘于怀，故宫室器用一从朴素。"从上引文献来看，洪武时代有官窑瓷器生产，既有官窑器生产，必定有官窑。于是有关洪武官窑设置之年，学界便根据有关文献持有洪武二年和洪武三十五年（建文四年）两说[22]，从近年珠山出土洪武官窑纪年遗物及相关考证来看，洪武二年建厂说似较为可靠[23]。朱元璋既然规定"宫室用器一从朴素"，那么其时的官窑瓷器自然亦不能例外。而这种所谓"朴素"的时代要求和元代制瓷技艺与风格在洪武官窑中的延续，似乎构成了洪武瓷器的时代特征。显然，洪武官窑在生产这些所谓"朴素"官窑产品的同时，也影响到洪武外销瓷的生产，这些具有元青花和伊斯兰风格的瓷器，总体上比前代略显"朴素"和简约。

三　永乐官窑外销瓷

（一）永乐帝与永乐官窑外销瓷

朱元璋的第四个儿子朱棣 44 岁时，推翻了侄儿建文帝，于 1402 年登基为帝，改元永乐。朱棣在位 23 年，一生多有建树，在中国历史上是一位有很大影响的封建帝王，永乐官窑在中国陶瓷史上也像他本人一样具有很大影响。洪武三十一年朱元璋病逝，官窑停烧。三十一年至建文四年的上半年，由于建文帝与朱棣集团的政治与军事对抗，当

图二　明永乐釉里红书"永乐元年"及"永乐肆年"铭瓶口部残片

图三　明永乐青花外销瓷

图四　明宣德青花外销瓷

无暇顾及官窑的烧造。因此，在建文四年的时间里，明初官窑可能停烧。建文四年六月，朱棣攻克南京，登上皇位。由于《明史·成祖一》中有建文四年"诏：今年以洪武三十五年为纪，明年为永乐元年"的记载[24]，印证明人王宗沐《江西大志·陶政志》中说："洪武三十五年始开窑烧造，解京供用，有御厂一所、官窑二十座。"[25]说明洪武三十五年明御厂已开始为朱棣烧造瓷器了。

1987年在明御厂西墙的沟道下发现一个书写"永乐元年"题记的釉里红盘口瓶口部残片[26]（图二），可以确凿证明朱棣刚继大统，明御厂便开始烧造官窑瓷器了。永乐帝似乎对瓷器，尤其是甜白瓷甚为青睐。据《明太宗实录》永乐四年（1406年）十月丁未条记："回回结牙思进玉碗，上不受，命礼部赐钞遣还，谓尚书郑赐曰：朕朝夕所用中国瓷器，洁素莹然，甚适于心，不必此也，况此物今库亦有之。"[27]

也许是朱棣早年长居在北平的"故元大内"，受到蒙古人"国俗尚白"遗风的影响，在永乐官窑瓷器中有许多精美绝伦的甜白釉瓷器，这可能与朱棣个人的审美习惯有关。从出土与传世瓷器来看，这类白釉器有白釉荷叶盖罐、甜白釉盘口长颈瓶、白釉镂空花纹三壶连通器、白釉浮雕莲瓣纹束腰器座、白釉盖豆、白釉单把罐、白釉双耳扁瓶、白釉八方烛台、白釉军持、白釉鸡心扁壶、白釉方流鸡心壶、白釉执壶、甜白釉执壶、甜白釉四系矮壶、甜白釉锥花僧帽壶、甜白釉洗、甜白釉梅瓶、甜白釉双环耳带盖皿、甜白釉爵、甜白瓷砖、甜白釉刻云龙纹梨形执壶等，这些产品称得上永乐官窑的"一代之绝品"。

永乐帝一生五度亲征漠北，次数之多，路途之远，自古以来帝王中唯朱棣一人。文治方面有《永乐大典》的编修、《四书五经大全》的编撰等，而郑和出使西洋，其宝船之大、宝物之多、航行次数之多，也属"空前绝后"。从官窑瓷器上看，也能反映出永乐时代这种恢弘气势。如1995年在明御厂出土的永乐青花海水江崖纹双耳三足炉、直径达68厘米的青花大盘、高达78厘米的白釉双耳瓶等，这种形制硕大而又精制的器物，非常符合朱棣那个时代的社会历史风貌。

朱棣在夺位之后不久，于永乐元年便迫不及待地向海外各国派出使臣。马彬受命出使爪哇、苏门答腊、西洋琐里等国。而同时外国使团也纷纷来到中国，永乐一朝先后有四个国家的国王泛海而来，而其中竟有三位国王不幸病故于中国，埋葬在中华大地。最值得一提的是郑和七下西洋，其中六次发生在永乐时代，均为朱棣直接干预的活动，朱棣本人在对外交往中推行的是"厚往薄来"的怀柔之策。当年郑和的庞大舰队虽早已湮没在历史的长河之中，宝船也早已化为灰烬，但郑和宝船中运载销往中东地区的瓷器仍留存至今。如其中的一组中东的瓷器，青花阿拉伯式花纹绶带耳葫芦扁瓶、青花阿拉伯式花纹双耳扁瓶、青花折枝茶花纹双耳扁瓶、青花海浪刻白龙纹扁瓶、青花开光花果纹执壶、青花并蒂莲纹大盘、青花把莲纹大盘、青花阿拉伯式花纹碗、青花花卉纹梵文大勺、青花筒状盘（又叫无挡尊）、釉里红梅竹纹笔盒、金彩花卉纹钵、白釉双耳扁瓶、白釉八方烛台、白釉执壶、白釉单把小罐、白釉双系钵、白釉镂空花纹三壶连通器，这些瓷器和伊斯兰文化有密切关系，有的花纹源于伊斯兰陶瓷，有的造型源于伊斯兰金属器，充满了伊斯兰文化风情（图三、图四）。

（二）纹饰特征

从 14～15 世纪初景德镇外销瓷来看，元代中后期，青花瓷在景德镇盛行，其制品堪称那一时期最具有艺术价值的优秀作品。元青花中的纹饰题材非常丰富，其中的人物、花卉、动物等纹饰有鲜明的中国画意味。洪武青花则显单调，少见动物纹，不见有人物纹，而永乐时期的青花比洪武青花纹饰题材丰富。永乐青花纹饰一改洪武那种繁缛茂密的元青花遗风而更趋疏朗清丽。器物的主题纹样多以花卉和瑞果纹为主，花卉纹除沿用洪武纹样外，另增了剪秋罗、秋葵、月季、桂花和牵牛之类。瑞果纹始见葡萄、荔枝、寿桃、柿子、甜瓜、樱桃、枇杷、银杏等。同时流行一种用六种或八种折枝花果纹为一组（图五），等距离地分布于器物内壁的所谓"散点式"装饰。这种装饰形式洪武不曾使用，元代与宋代瓷器上未见，但唐代金银器和铜镜上则较为常见[28]。因此，永乐时采用的"散点式"装饰，可能是受唐代工艺品影响，而将其装饰形式移植到瓷器上的。永乐首开青花装饰碗底先例，纹饰有龙、凤、菊和龟锦纹[29]（实为唐金银器上的忍冬花结纹，图六、图七）。富有画意的花鸟纹、仙女纹、婴戏纹、胡人乐舞纹等均首见于永乐官窑。奇特的海兽纹亦为永乐时始用，宣德时才流行。作辅助纹及边饰的纹饰有蕉叶、如意云、回纹、卷叶、海水和莲瓣纹等，蕉叶纹叶片中茎多不渲染；回纹多环绕连续；海水纹潮头与水波疏密对比鲜明，线条富于变化，显得极为酣畅和谐（图八）。

比较特殊的是永乐时期又开始出现人物纹装饰瓷器，如青花仕女琴棋书画纹碗，该器是永乐青花纹饰中难得一见的人物纹样。永乐青花盘所绘庭院小景纹（图九），与元代赵孟頫《双松平远图》（图一〇）中的松树小景构图颇相似。永乐青花岁寒三友纹大盘所绘松竹梅纹（图一一），其竹叶的画法与元代倪瓒绘《竹枝图》（图一二）中的竹叶一致；梅枝的画法则与元人画《墨梅图》（图一三）构图相似。

永乐青花纹饰比洪武时期精美丰富，有些青花构图形式成为后世的范本。元代青花题材比永乐丰富，有藏传佛教文化、伊斯兰文化等文化因素，而永乐青花则传承了更多的中国画传统。

永乐官窑对元代青花花纹有许多模仿，如永乐绿彩灵枝竹叶纹器托，其纹样与元代集宁路出土夹衫上的刺

图五　明永乐青花花卉山石纹盘

图六　明永乐青花碗残片

图七　唐代金银器上的忍冬花纹

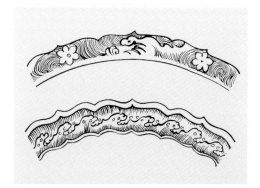

图九　明永乐青花松树小景纹盘

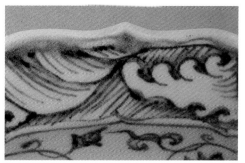

图八　明永乐青花海水纹样

图一〇　元赵孟頫《双松平远图》局部

图一一　明永乐青花岁寒三友纹盘局部

图一二　元倪瓒《竹枝图》局部

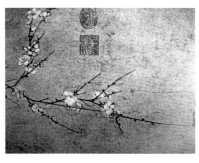

图一三　元人绘《墨梅图》局部

绣灵芝竹叶纹一致。元青花开光纹样，洪武官窑也有继承，永乐官窑在原来的基础上更为简化。元青花海水纹样，洪武官窑也有继承，永乐官窑青花所绘海水纹较洪武青花更疏朗。

总之，永乐官窑青花纹饰有许多直接模仿于元青花，而更多的则直接取材于中国画题材与技法。

四　宣德官窑外销瓷

1424 年永乐帝病逝于北征归途，同年八月太子朱高炽继位，改年号为洪熙。朱高炽登基仅 10 个月，便罹病猝殁于北京钦安殿。洪熙朝短暂的一瞬，在中国历史上无法留下多少痕迹，而其子宣宗朱瞻基入继大统之后，则能蒙业守成，在他统治的 10 年间，"吏称其职，政得其平，纲纪修明，仓庾充羡，闾阎乐业，岁不能灾"[30]，堪称明代之太平盛世。这段时期也是中国陶瓷史上的黄金时代，宣德官窑以其产品量多与质优而被称为历代官窑之冠。

（一）品种

据《大明会典》载，宣德八年，一次"往饶州烧造各样瓷器，四十四万三千五百件"[31]，其产量十分惊人，若根据现今传世与出土资料来看，这一记载似乎可信。宣德官窑不仅产量大，其品种之多也是空前的。如果按瓷器釉、彩，则有如下分类：

釉类。高温釉：甜白、影青、天青、宝石蓝、鲜（祭）红、紫金釉及仿宋名窑的仿建窑天目、仿紫定、仿汝、仿龙泉、仿哥及茶叶末釉等；低温釉：浇黄、洒蓝（雪花蓝）、孔雀绿、瓜皮绿等。

彩类。高温彩：青花、釉里红、酱彩、铁红、釉里红、宝石蓝地白花；高低温结合彩：青花斗彩、黄地青花、青花矾红及青花孔雀绿彩等；低温彩：单纯矾红彩、釉上绿彩及黄地填绿釉彩等。

从产品的质地和工艺水平来看，宣德官窑超过了洪武、永乐官窑，其时生产的外销瓷也不逊于前代。

宣德官窑外销瓷的造型有仿伊斯兰金属器者，如八方烛台、方流执壶、双耳扁瓶、网格纹钵和单把罐（花浇）、笔盒等。另外那些大盘、大碗和军持及僧帽壶等，与永乐官窑产品相似，为传统外销瓷。以上各类除少数的几种为宣德独创外，基本上都和永乐官窑一脉相承。

如果说洪武与元代瓷器的风格有些形似的话，那么，宣德与永乐瓷器则更为形神相似。譬如，一些无款宣德青花瓷大盘与永乐青花大盘花纹和风格均极为相似，很难区分开来，故瓷学界有永宣不分之说。出现这种情形似乎不难理解，原因有两点：

第一，宣德一朝仅有九年七个月，根据《明实录》、《大明会典》有关记载，宣德官窑的烧造活动只集中在元年至五年、八年至十年的首尾两期，在这短暂的烧造时期里，要全盘抛弃前代，重建官窑形象客观上不太可能。

第二，宣宗少年时深得其祖父永乐帝宠爱，永乐帝曾多次带着年少的皇太孙朱瞻基离开京城去狩猎和进行军事视察，朱瞻基对其祖父也特别敬仰[32]。那么，宣宗登大宝后，官窑器物一应从前，并要求继续按永乐式样烧造宫中用瓷，也是情理之中的事。

（二）青花的特殊色泽

明朝人认为："本朝以宣成二窑为佳，宣窑以青花胜，成窑以五彩。"[33] 现代人一般也以为宣德青花品质最优。那么，人们为什么青睐宣德青花呢？一方面宣德青花数量大，品种多，且彩饰精美；另一方面可能还与其青花的色调有关。假如我们把典型的永乐和成化青花与宣德青花作一比较，便可观察到，宣德青花色泽既有永乐青花的深厚浓丽，又带有成化青花的清新淡雅，二者相映成趣，形成一种别有韵味的色调。历来有两种传说，宣德青花使用的青料是郑和出使西洋从阿拉伯地区带回的所谓"苏麻离青"或"苏离麻青"和国产料掺合使用的产物[34]。但中国科学院上海硅酸盐研究所对景德镇陶瓷考古研究所提供的典型宣德青花瓷片的测试结果是：宣德青花所用的青花料是一种低铁高锰的国产料[35]。这一结论与近年在珠山明御厂宣德地层出土的一块青花书"乐一号"、"乐三号"铭青花试料盘可相印证[36]。该盘青花色调淡雅，所谓"乐一号"、"乐三号"很可能就是乐平青料（即文献记载的所谓陂塘青或平等青）。据测试分析，由于宣德青料中减少了钴铁着色而增加了钴锰着色，故形成纯正蓝色中"略带紫色调"，这就是宣德青花既不同于而又胜于前朝的真正原因[37]。

（三）纹饰特征

宣德与永乐外销瓷，其胎、釉制作和纹饰没有多少区别，宣德器物也多沿用永乐形制，但也存在差异。宣德器上的龙纹比永乐的更为丰富多彩，有竖发、披发及前披发式，均显得较为凶猛。如螭龙纹，其形象就显得特别雄伟，龙的五爪多画成带勾状圆圈形。应龙、莲龙、衔花龙均首见于宣德。花果纹也有特殊处，如永乐花果纹一般有花无果或有果无花，而宣德的则始见有花果并存（即把非生长在同一季节的花果绘于同一器物上），如双桃纹，便既有花，又有果。永乐青花中少见的细描人物故事图，宣德器中已屡见不鲜，且多配以庭院台阁。辅助纹饰中最常见的仰、覆莲瓣纹，瓣心多填色，与前代式样有较大不同。尤其有趣的是，相同的纹饰却采用不同装饰来表现，如相同的萱草纹盘则有蓝（祭蓝釉）地白花、白地蓝花和黄地青花三种；相同的牡丹纹盘亦见有铁绘、青花与黄地青花三种。相同的器形永乐有秀、巧、薄的特点，宣德的则有大、厚、拙的特点[38]。

（四）款识特征

从出土与传世的宣德外销瓷来看，其制品绝大多数都有年款，并有固定的形式。书体有楷书和篆书二种，从工艺与装饰形式上看有刻款、青花款、铁绘款；字数有四字、六字；排列形式有单行（横排、竖排）、双行和三行；有加双圈、单圈或长方单框者。宣德碗、盘底多施釉，款识多流行书于器底，大盘则书于外壁口沿处，瓶、罐类则多书于器物之肩部，还有在同一器物上书写二个年款的（如笔盒），故前人有"宣德款识满器身"之说。据考证，宣德器上的年款，均出自明初著名书法家沈度之手[39]（即由沈度书写粉本后，由御厂工匠临摹于瓷器上）。

综上所述，宣德时期外销瓷无论品类和质地均不亚于洪武、永乐瓷器，虽然宣德时郑和下番只有一次，但产品数量与种类较之永乐外销瓷也不相上下。

注 释

1 《明太宗实录》卷二六三，永乐二十一年九月戊戌，台北"中研院史语所"校勘影印本，1962 年。

2 关于郑和所到之处，参见马欢《瀛涯胜览》、费信《星槎胜览》、巩珍《西洋番国志》、《明太宗实录》、《郑和航海图》以及《明史》等史籍。

3 （明）马欢原著，万明校注：《明钞本〈瀛涯胜览〉校注》第 27 页，《爪哇国》；五国中除了爪哇国外，有瓷器交易的是占城国、锡兰国、祖法儿国和天方国。海洋出版社，2005 年。

4 （明）费信著，冯承钧校注：《星槎胜览》各国条，中华书局，1954 年。

5 转引自［日］家岛彦一：《郑和分踪访问也门》，载《中外关系史译丛》第二辑，第 55、56 页，1985 年。

6　［日］三上次男：《陶瓷之路——东西方文化接触点的探索》第 89、150 ～ 151、171、173、186、204、220 页，1983 年。

7　马文宽、孟凡人：《中国古瓷在非洲的发现》第 5 ～ 6 页，紫禁城出版社，1987 年。

8　同 7，第 37、47 页。

9　同 7，第 12 ～ 13 页。

10　叶文程：《中国古代外销瓷研究论文集》第 146 页，紫禁城出版社，1988 年。

11　刘岩、秦大树：《肯尼亚滨海省格迪古城遗址出土中国瓷器》，《文物》2012 年第 11 期。

12　［美］约翰·亚历山大·波普：《伊朗阿德卑尔回教寺院收藏的中国瓷器》（英文版），华盛顿，1956 年。

13　南京博物院：《南京明故宫出土洪武时期瓷器》，《文物》1976 年第 8 期。

14　丘小君、陈华莎：《景德镇洪武瓷新证》，《江西文物》1990 年第 2 期。

15　［日］长谷川祥子：《关于中国青花釉里红瓷器（洪武样式）的考察》，《成城文艺》1991 年 137 号。

16　刘新园：《景德镇珠山出土的明初与永乐官窑瓷器之研究》，《景德镇出土明初官窑瓷器》，鸿禧美术馆，1996 年，

17　详 16，图版 7-13。

18　汪庆正编：《青花釉里红》第 5 页，上海博物馆、两木出版社，1997 年；中国硅酸盐学会：《中国陶瓷史》第 370 页，文物出版社，1982 年。

19　李家治等：《景德镇元代及明初官窑青花瓷器的工艺研究》，《景德镇出土明初官窑瓷器》，鸿禧美术馆，1996 年。

20　详注 19，第 32 页。

21　（清乾隆七年）《浮梁县志》卷七《建置》，"景德镇厂署"条。

22　洪武二年置御器厂，据清乾隆七年《浮梁县志》卷七《建置》"景德镇厂署"条；洪武三十五年说，据明王宗沐《江西大志》卷七《陶书》，
　　明万历二十五年木刻本。中国硅酸盐学会编《中国陶瓷史》偏向此说，第 361 页。

23　刘新园：《景德镇珠山出土的明初与永乐官窑瓷器之研究》第七章《景德镇出土明初官窑瓷器》，鸿禧美术馆，1996 年。

24　（清）张廷玉：《明史》第 75 页，中华书局，1974 年。

25　（明万历二十五年）王宗沐：《江西大志陶书》卷七《陶书》。

26　《景德镇陶录》第 208 页，香港大学冯平山博物馆，1992 年。

27　《明太宗实录》，台北"中研院史语所"校印本。

28　韩伟编著：《海内外唐代金银器萃编》，器物线图页 50，三秦出版社，1989 年；又，1990 年九江县大村南唐保大十二年（954 年）周一娘墓出
　　土簇花卉镜，《九江出土铜镜》图版 66，文物出版社，1993 年。

29　详注 28，团花、忍冬花结（二八）。

30　《明史·本纪八·宣宗》，第 126 页，中华书局，1974 年。

31　《大明会典·工部一四·陶器》卷一九四。

32　［美］牟复礼等：《剑桥明代史》第 315 页，中国社会科学出版社，1992 年。

33　（明）王士性：《广志译》卷四，第 83 ～ 84 页，中华书局，1981 年。

34　中国硅酸盐学会编：《中国陶瓷史》第 371 页，文物出版社，1982 年；汪庆正编：《青花釉里红·前言》第 6 页，上海博物馆，两木出版社，1987 年；
　　冯先铭编：《中国陶瓷》第 488 页，上海古籍出版社，1994 年。

35　李家治等：《景德镇元代及明初官窑青花瓷器的工艺研究》，《景德镇出土明初官窑瓷器》，鸿禧美术馆，1996 年。

36　拙稿《谈景德镇明御厂故址出土的宣德瓷器》，《文物》1995 年第 12 期。

37　详注 35，第 58 页。

38　详注 36。

39　刘新园：《景德镇明御厂故址出土永乐、宣德官窑瓷器之研究》，《景德镇珠山出土永乐宣德官窑瓷器展览》第 40 页，香港市政局，1989 年。

A Preliminary Study on the Early Ming Export Porcelain

Jiang Jianxin

Abstract

According to textual and material evidence, in the early Ming period, export porcelains from Jingdezhen gradually replaced traditional blue and white export porcelain from other kilns, taking dominance in the export porcelain market in China. The development in navigation technology benefited the transportation of porcelains with unprecedented convenience. The profusion of the early Ming blue and white porcelains from Jingdezhen in foreign countries reflects the active overseas communication in early Ming. After taking over the Fuliang kiln from the Yuan dynasty, Zhu Yuanzhang established the Ming imperial kiln for porcelain production in the second year of the Hongwu reign, which also produced export porcelain. Large platters and bowls with a style similar to that of the Yuan blue-and-white porcelains used to be found at the Ming imperial kiln, which coincides with the record in the Ming History. Such porcelains could be the gifts to the foreign countries or the export commodities. Porcelains produced in the imperial kiln of the Hongwu reign possess both an Islamic style and a style similar to that of the Yuan white-and-blue porcelains. Not long after seizing the throne, Zhu Di sent envoys overseas in the first year of the Yongle reign. Thus the imperial kiln was in charge of production of the porcelains for Zheng He to carry to the Middle East. These porcelains are all closely related to Islamic culture. Some patterns originate from Islamic ceramics, while some shapes come from the Islamic metal ware. The patterns of porcelains from the Yongle imperial kiln either imitated those of the Yuan blue and white porcelains or borrowed directly from the themes and techniques of Chinese brush painting. Some porcelains from the Xuande imperial kiln were also for export purpose. Compared with the export porcelains from the Yongle reign, there is not much difference on the pattern, the production of the base, or the glaze. Most of the porcelains from the Xuande kiln followed the Yongle tradition. Though Zheng He went overseas only once during the Xuande reign, the quantity and variety of the Xuande porcelains are comparable to those of the Yongle export porcelains.

Key Words

Jingdezhen, Export, Porcelain

对四件景德镇御窑遗址出土
厚胎瓷片标本的无损分析研究

江建新、江小民、邬书荣、李 合、丁银中、王光尧

一　引　言

　　景德镇窑在我国陶瓷发展史上占有非常重要的地位，其中尤以青花瓷享誉海内外。由于青花瓷特殊的地位和影响，中国科学院上海硅酸盐研究所自 20 世纪 50 年代就开始对青花瓷的胎、釉及青花料进行科学技术研究[1]，青花瓷的断代研究尤其是青花色料的特征和来源问题一直是学术界所关注的焦点。诸多学者从文献记载或科技分析角度对元、明、清历代青花瓷进行了深入研究，取得了一系列的研究成果[2]。胎体厚重的龙缸等大型器物由于烧制难度极大，传世品极为稀少，即便是窑址也很少见此类标本的发掘出土。因此，科学分析和研究这类胎体厚重的龙缸等大型器物标本，进而揭示大型器物的制瓷原料、烧制等工艺技术特征，并对比研究大件厚胎器物与小型器物制瓷工艺的异同，是一个非常值得研究探讨的课题。鉴于此，本次实验采用能量色散 X 射线荧光光谱仪（EDXRF）对一件明永乐白瓷砖残片、一件宣德青花器残片、一件正统青花大缸残片和一件嘉靖青花器残片进行了无损分析，以期从科技角度初步探讨大型器物的胎釉特征和制作工艺。

二　实验样品与方法

　　1. 样品

　　本实验所测瓷片标本为 DZ-1 永乐白瓷砖残片、JDZ-2 宣德青花器残片、JDZ-3 正统青花大缸残片和 JDZ-4 嘉靖青花器残片（图一、图二、图三、图四）。为了对比研究，对三件洪武青花瓷片标本、三件永乐青花瓷片标本、一件宣德青花标本和五件成化青花标本也一并做了测试分析。

　　2. 仪器方法

　　实验采用的仪器为美国 EDAX 公司的 EAGLE Ⅲ XXL 微聚焦型荧光能谱仪，束斑直径为 300μm，管压最大 50KV，功率 50W；采谱时间为 200 秒，用仪器自带的无标样定量分析方法处理后得到半定量分析结果。

三　结果与讨论

　　JDZ-1 永乐白瓷砖残片、JDZ-2 宣德青花器残片、JDZ-3 正统青花大缸残片和 JDZ-4 嘉靖青花器残片以及相关瓷片标本的胎、釉以及青花部位的元素组成分别列于表一、表二和表三。

图一　JDZ-1 永乐白瓷砖残片

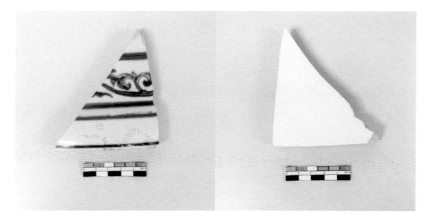

图二　JDZ-2 宣德青花器残片

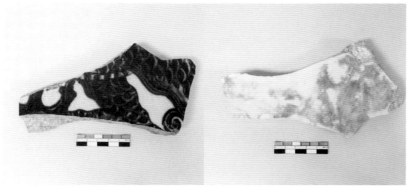

图三　JDZ-3 正统青花大缸残片

图四　JDZ-4 嘉靖青花器残片

表一　明代瓷器胎体元素组成 wt%

编号	名称	Na₂O	MgO	Al₂O₃	SiO₂	K₂O	CaO	TiO₂	MnO	Fe₂O₃
JDZ-1	永乐白瓷砖残片	1.14	0.26	19.55	76.63	1.87	0.14	0.04	0.02	0.35
JDZ-2	宣德青花器残片	0.61	0.42	23.43	73.17	1.58	0.25	0.06	0.02	0.48
JDZ-3	正统青花大缸残片	1.74	0.40	25.80	69.82	1.48	0.10	0.08	0.03	0.55
JDZ-4	嘉靖青花器残片	0.00	0.48	22.66	73.46	1.81	0.51	0.07	0.03	0.99
HW-1	洪武青花器残片	1.10	0.56	20.52	74.75	2.16	0.18	0.04	0.04	0.56
HW-2		0.59	0.39	18.67	77.57	2.06	0.12	0.07	0.02	0.43
HW-3		0.97	1.08	20.92	72.71	2.43	0.43	0.07	0.03	0.71
YL-1	永乐青花盘	1.33	0.30	22.35	72.79	2.01	0.33	0.04	0.02	0.48
YL-2		0.94	0.59	23.57	72.30	1.72	0.04	0.04	0.01	0.44
YL-3		1.02	0.36	21.78	74.08	1.89	0.26	0.03	0.02	0.48
XD-1	宣德青花盘	0.62	0.44	26.95	68.44	2.31	0.09	0.06	0.01	0.50
CH-1	成化青花盘	0.42	0.34	21.44	75.71	1.55	0.04	0.03	0.00	0.38
CH-2		0.51	0.34	21.61	75.21	1.67	0.02	0.05	0.01	0.42
CH-3		0.64	0.28	25.21	70.85	2.16	0.20	0.03	0.02	0.46
CH-4		1.13	0.38	25.31	70.26	2.14	0.10	0.04	0.01	0.44
CH-5		1.78	0.81	25.87	68.89	2.01	0.06	0.04	0.01	0.42

表二 明代瓷器釉料元素组成 wt%

编号	名称	Na_2O	MgO	Al_2O_3	SiO_2	K_2O	CaO	TiO_2	MnO	Fe_2O_3
JDZ-1	永乐白瓷砖残片	1.75	0.23	16.66	77.08	2.36	1.48	0.02	0.04	0.39
JDZ-2	宣德青花器残片	1.35	0.30	14.07	77.57	2.17	3.99	0.02	0.05	0.49
JDZ-3	正统青花大缸残片	2.03	0.33	13.29	79.83	1.79	2.24	0.03	0.04	0.42
JDZ-4	嘉靖青花器残片	1.40	0.46	15.38	75.24	2.82	4.24	0.02	0.05	0.37
HW-1		1.60	0.64	14.16	77.68	2.62	2.60	0.03	0.07	0.52
HW-2	洪武青花器残片	0.62	1.03	16.91	71.99	3.52	4.62	0.02	0.09	1.11
HW-3		1.15	0.81	15.38	77.09	3.14	1.69	0.03	0.05	0.54
YL-1		2.51	0.25	13.88	77.73	2.19	2.90	0.02	0.04	0.39
YL-2	永乐青花盘	1.19	0.24	14.01	76.43	3.21	4.30	0.02	0.05	0.45
YL-3		1.60	0.15	13.97	77.42	2.50	3.95	0.02	0.04	0.28
XD-1	宣德青花盘	0.96	0.21	13.31	79.77	3.38	1.82	0.02	0.04	0.40
CH-1		1.04	0.31	14.75	78.32	3.35	1.70	0.02	0.04	0.38
CH-2		0.84	0.47	13.54	78.68	3.20	2.64	0.02	0.04	0.48
CH-3	成化青花盘	1.66	0.25	13.44	78.76	3.36	1.97	0.02	0.04	0.41
CH-4		1.03	0.17	12.95	79.86	3.65	1.71	0.03	0.04	0.46
CH-5		1.67	0.34	14.41	77.17	3.47	2.36	0.02	0.04	0.42

表三 宣德、正统、嘉靖青花元素组成 wt%

编号	名称或时代	Na_2O	MgO	Al_2O_3	SiO_2	K_2O	CaO	TiO_2	MnO	Fe_2O_3	CoO
JDZ-2	宣德青花器残片	1.46	0.33	13.88	77.09	2.21	3.03	0.01	0.60	0.73	0.09
JDZ-3	正统青花大缸残片	1.86	0.19	13.88	78.29	2.02	1.63	0.02	0.59	0.80	0.26
JDZ-4	嘉靖青花器残片	0.82	0.59	14.50	74.60	2.80	4.18	0.03	0.48	1.15	0.39

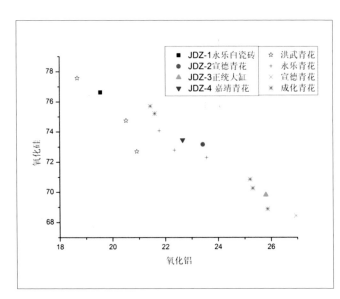

图五 胎体中氧化铝和氧化硅含量散点图

1. 胎体组成

研究表明高含量的氧化铝能提高胎体的耐火度和热稳定性，使之在高温烧成过程中不易变形[3]。景德镇窑在元代为了满足生产大型瓷器的需求，采用的是瓷石加高岭土的二元配方，使胎体中的氧化铝含量得以提高[4]。虽然 JDZ-1 永乐白瓷砖残片胎体极为厚重，仅凭经验而言其胎体中氧化铝含量可能更高。然而，从表一可知，JDZ-1 永乐白瓷砖残片、JDZ-2 宣德青花器残片、JDZ-3 正统青花大缸残片和 JDZ-4 嘉靖青花器残片胎体中氧化铝的含量分别为 19.55%、23.43%、25.80% 和 22.66%，均落在所测洪武、永乐、宣德以及成化时期青花瓷片标本中的氧化铝含量范围之内。同时，胎体中氧化硅、氧化钾、氧化铁等各个元素组成含量也均在典型明代青花瓷片的含量范围之内。此外，由于永乐白瓷砖样品胎体中氧化铁含量最低，仅为 0.35%，故胎体更加洁白，进而影响了釉色。

从图五可见，所分析洪武、永乐、宣德到成化时期标本胎体中氧化铝含量基本都大于 20%，且略呈升高的趋势。虽然不同时期样品胎体中各个元素组成含量有高有低，有些离散性较大，但总体而言明代青花胎体采用的是瓷石加高岭土的二元配方，且瓷石与

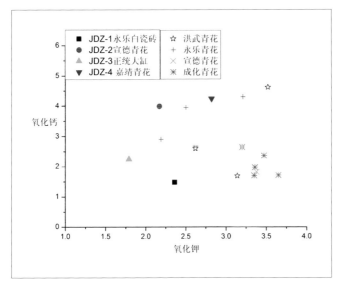

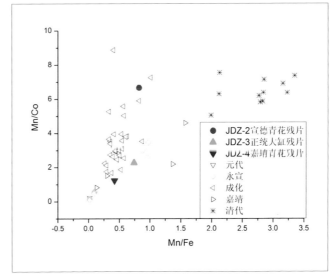

图六　釉中氧化钾和氧化钙含量散点图　　　　　　　　　　　　图七　青花部位的 Mn/Fe 和 Mn/Co 散点图

高岭土的比例介于元代和清代之间[5]。对于 JDZ-1 永乐白瓷砖残片而言，其胎体中氧化铝含量反而较低，氧化硅含量较高，实际上这样的胎体组成可能更利于胎体里外的物理化学反应更加均匀，胎体结构性能趋于一致。上述分析数据初步表明只要胎体中氧化铝含量大于 20%，就应该能够满足烧造大器的需求，不必额外再增加高岭土的加入量。

2. 釉料组成

从表二可以看出，JDZ-1 永乐白瓷砖残片、JDZ-2 宣德青花器残片、JDZ-3 正统青花大缸残片和 JDZ-4 嘉靖青花器残片釉中氧化钾的含量分别为 2.36%、2.17%、1.79% 和 2.82%，氧化钙的含量依次分别为 1.48%、3.99%、2.24% 和 4.24%，这与所测洪武、永乐、宣德时期青花标本的釉料组成基本一致。

研究表明景德镇明代青花釉是风化程度较浅的釉果掺以釉灰配制而成的[6]。其中氧化钙主要由釉灰引入，而氧化钾主要由釉果引入。由釉中氧化钙较低的含量可以判断釉中加入釉灰的比例是很低的。此外，所测 5 件成化时期青花标本釉中氧化钙平均含量仅为 2.1%，而氧化钾的平均含量为 3.4%，即相对而言成化时期青花标本釉中氧化钾较高而氧化钙含量较低（图六）。氧化钾含量的提高有利于提高釉面的莹润光亮程度，这对青花瓷的外观和色料的显色效果都起着很重要的作用。因此从这一角度而言，成化时期青花标本的釉料配方和制瓷工艺比洪武、永乐和宣德时期有了一定程度的提高。

3. 青花色料

从表三和图七可知，JDZ-2 宣德青花器残片所用青花料的 Mn/Fe 值为 0.7 左右，与永乐、宣德时期所用青花料比值基本相同；仅比其 Mn/Co 比值略高一些，但也处在成化青花标本 Mn/Co 值的范围之内。JDZ-3 正统大缸青花残片所用青花料的 Mn/Fe 和 Mn/Co 比值落在永乐、宣德和成化时期范围之内。JDZ-4 嘉靖青花器残片所用青花料与典型嘉靖时期青花标本所用青花料类似。

诸多研究表明明代青花色料可以分为三个阶段，其中洪武、永乐时期主要使用进口色料；宣德和成化时期可能既使用进口料，也使用了国产料，还有混合使用的情况；嘉靖时期主要用进口料，据记载为进口回青掺石青使用，色料分析表明近似于成化、正德时期的青花色料，其中锰和铁都处于中下水平[7]。整体而言，明代青花色料与清代所用国产青花料存在明显差异（图七）。关于明代以及清代青花瓷所用青花色料的问题，诸多学者从文献记载或科技分析角度进行了深入探讨，并总结归纳了元、明、清各个朝代使用青花色料的类型和来源问题，这里不作过多讨论。

结　论

根据上述分析初步得到了以下研究结论：

第一，所测永乐白瓷砖残片、宣德青花器残片、正统青花大缸残片和嘉靖青花器残片胎体、釉层以及青花色料的元素组成含量均落在相关青花瓷片标本的含量范围之内。

第二，根据氧化铝含量可以推测胎体采用的是瓷石加高岭土的二元配方，且从洪武、永乐、宣德到成化时期胎体中氧化铝含量呈略微升高的趋势。

第三，分析数据表明只要胎体中氧化铝含量大于 20%，就应该能够满足烧造大器的要求；因此不必额外再增加高岭土的加入量，进而提高氧化铝的含量。

注　释

1　周仁、李家治等：《钴土矿的拣选和青花色料的配制》，《景德镇瓷器的研究》第 71 ～ 81 页，科学出版社，1958 年；周仁、李家治：《景德镇历代瓷器胎釉和烧制工艺的研究》，《硅酸盐》1960 年第 4 期。

2　陈尧成、张志刚等：《历代青花瓷和着色料》，《中国古代陶瓷科学技术成就》，上海科学技术出版社，1985 年；吴隽、李家治：《景德镇历代青花瓷胎釉化学组成的多元统计分析》，《陶瓷学报》1997 年第 3 期；苗建民、余君岳等：《青花瓷器产地判别研究》，《文物保护与考古科学》1997 年第 1 期；吴隽、李家治等：《中国景德镇历代官窑青花瓷的断代研究》，《中国科学 E 辑》2004 年第 5 期，总第 34 期。

3　李家驹主编：《陶瓷工艺学》第 87 页，中国轻工业出版社，2009 年。

4　李国桢、郭演仪：《中国名瓷工艺基础》第 82 页，上海科学技术出版社，1985 年。

5　吴隽、李家治：《景德镇历代青花瓷胎釉化学组成的多元统计分析》，《陶瓷学报》1997 年第 3 期。

6　吴隽、李家治等：《中国景德镇历代官窑青花瓷的断代研究》，《中国科学 E 辑》2004 年第 5 期，总第 34 期。

7　R. WEN, C.S. Wang, Z.W. MAO et al; The Chemical Composition of Blue Pigment on Chinese Blue and White Porcelain of the Yuan and Ming Dynasties (AD1271 – 1644). Archaeometry, 49, 1(2007)：P.101-115；李家治：《中国科学技术史·陶瓷卷》第 375 ～ 382 页，科学出版社；陈尧成、张志刚、郭演仪：《历代青花瓷器和青花色料的研究》，《硅酸盐学报》1978 年第 6 期。

The Research on Non-Destructive EDXRF Analysis of Four Samples of Porcelain with Heavy Body Excavated at Jingdezhen

Jiang Jianxin, Jiang Xiaomin, Wu Shurong, Li He,
Ding Yinzhong, Wang Guangyao

Abstract

Jingdezhen has held an unique position in the history of ceramics. The production of blue and white is among the highest achievements of the Chinese porcelain craft, as they combining delicate technology and high artistic accomplishment. The quantity of surviving large porcelain items is extremely scarce. Most of them are kept in the museums, while others are scattered in private hands both in China and abroad. Few scientific analyses have been carried regarding to the antique large porcelain samples, it is of vital importance to perform scientific investigation on them. As they are the best references available for technology studies.

In this study, four large porcelain items of Ming dynasty from the Jingdezhen kiln site were analyzed with the non-destructive EDXRF. Their body, glaze and pigment compositions are compared with those of the shards of Ming dynasty collected from Jingdezhen. The results shows: 1) The body, glaze and pigment compositions of these four large porcelains are homogeneous and basically similar with the reference samples of Ming dynasty. 2)It can be speculated that the body was made by mixing porcelain stone with Kaolin clay. 3) The content of alumina in the body was slightly increased from the Hongwu, Yongle, Xuande to Chenghua period.

Key Words

Jingdezhen, non-destructive analysis, porcelain

再论御器厂的建立时间
——明代御窑遗址的考古学分期

王光尧

本文所说的御器厂指正德《饶州府志》等官方文献所记由官府设立的负责管理或生产御用瓷器的机构，是一个历史性的概念；御窑遗址是指在景德镇珠山周边发现的生产窑场的遗存，是根据现代考古的命名法则对景德镇明清两代御器生产机构遗址的考古学命名。以往除少数研究者外基本没对景德镇具体从事生产的窑场和文献记载的御器厂加以区分[1]，也没能深入思考官窑和御窑二定义的内涵，故而在论述御器厂的建厂时间时，多把御器厂和从事生产的窑场视为一体，并根据洪武、永乐时期均生产有大量的宫廷用瓷，且在景德镇御窑旧址发现有洪武、永乐时期烧造遗迹，论定明代御器厂始建于洪武二年[2]，不过这一说法并没有得到学术界的普遍认同[3]。本文在观察考古所见各种遗迹现象的同时，梳理相关的记载，略述具体从事生产的窑场与负有管理职责的御器厂的不同、明初官府窑场的管理体制、御器厂的始建时间和职能、御器厂与生产窑场合一的时间等内容。

一 御窑遗址所见考古现象解析

如何解释考古发现的各种现象，辩证文献与考古资料的关系是历史时期考古学的原则性问题，考古资料虽可补文献之阙，但对考古资料的解释只能从考古资料本身入手，文献只是解释考古所见资料的辅助证据之一，绝不可以根据文献所记在众多的考古资料中为自己寻找合适的证据。

综合景德镇历年所见遗迹和 2002～2004 年对景德镇御窑遗址的考古发掘可知，以珠山御窑遗址为代表的景德镇窑场在洪武四年以前就开始受命为官府烧造建材、礼祭器和日用器等瓷器。而且从洪武时期开始，该窑场的落选品已开始集中处理。但整个明代，对落选品的处理方法则因时间不同而有变化。洪武至永乐时期是打碎掩埋；宣德时期是打碎集中倾倒于自然低洼处或墙角处；正统时期也可能是打碎集中于一处，因为御窑遗址出土的正统时期的大缸可以拼对复原，说明当时对以该大缸为代表的落选品也是打碎处理并集中倒在一起；成化至正德时期是打碎随一般窑业垃圾倾倒；嘉靖以后不明[4]。根据对落选品处理方式的不同，可作如下考古学分期：洪武至永乐时期为一期，宣德时期为一期（该期的下限或可至正统时期），成化至正德时期为一期，嘉靖时期以后为一期。

而明代景德镇官府窑场所产瓷器的款铭也存在有阶段性的不同，洪武时期的铭记有"厨"、"官用供器"、"赏赐"、"内府供用"、"局用"等，永乐时期的款铭有"永乐年制"、"内府"等，宣德时期的款识有"宣德年制"、"大明宣德年制"等，规矩款成为主流，除正统、景泰、天顺时期外，从宣德时期开始规矩款一直是明清两代御窑瓷器署款制度的主要方式。就铭款的变化看，所得考古学分期为：洪武至永乐时期为一期，在该期内只强调供应对象或官用的性质，而不强调御用的概念；宣德时期为一期，在该期内识款位置和方式都不固定，属初创时期，但前一个时期铭记所表现的官用属性已经不见；正统至天顺时期，没有可资研究的例证，属于御窑瓷器款识的"空白期"；成化以后为一期，是规矩年款成为主流的时期，年款以识于器物外底最常见。

在珠山周边发现的不同时期的窑炉也不相同。洪武至永乐时期，流行后室较长的葫芦窑，分布在珠山东北部；宣德时期，仍然是葫芦窑，窑室平面形态和前一个时期相同，分布在珠山西南部；宣德以后，一直流行馒头窑，分布在珠山西南部，和宣德时期的窑炉有前后叠压关系。窑炉形态的变化表明，从洪武至宣德时期，使用葫芦窑为一期；其后，使用馒头窑为一期。而根据窑炉的分布区域及生产的连续性，洪武至永乐为一期，宣德以后又为一期。

窑炉反映的是生产技术，其形态的差异表示生产技术的阶段性变化，这一变化的界点大约在宣德时期以后。至于窑炉位置代表的窑场内的布局、识款方式和款式内容、对落选品的处理方式等则与管理制度有关，这三者明显以宣德时期为界，与其前的洪武、永乐时期有明显的不同。再后，由于嘉靖时期以后对落选品的处理方式不明，又可以从管理制度上单列为一个时期。如此，对景德镇御窑遗址的考古发掘表明，该遗址所代表的窑场在明代可以分为洪武至永乐、宣德至正德、嘉靖至崇祯三大时期。

御窑遗址出土资料表明，从洪武到天启时期，景德镇窑厂一直是明代宫廷用瓷器的最主要生产地。洪武二年明朝在景德镇设官窑恢复生产[5]，开始为宫廷生产瓷器，应该是可信的，为宫廷生产瓷器并不等于已经设立御器厂。因为御器厂的概念是要晚到宣德皇帝即位以后才出现，所以，我们论述或解释景德镇御窑遗址所见考古资料时，洪武、永乐时期窑厂遗址虽可以理解为官窑或御窑，但无论如何都不可以使用后来的御器厂的概念来解释这些考古现象。同时，从景德镇落马桥遗址出土有大量的洪武早期的官样瓷器[6]看，当时承担为宫廷烧造瓷器任务的窑场仅在景德镇城内就绝非只有珠山一处，这也可证珠山御窑遗址所代表的洪武时期的遗存并不是专供御用的唯一窑厂。同样的情况也见于以龙泉大窑枫洞岩窑址为代表的龙泉窑场[7]。

二 御器厂的始建时间和职能补论

御器厂的建厂时间主要有洪武二年（1369年）说、洪武末年说、洪武三十五年（1402年）说、宣德初年说四种看法，莫衷一是。笔者已多次论述宣德初年说的可信性[8]，所以此处不再展开。又由于本文所论的御器厂是文献记载的概念，故而下面的论述就从这一历史概念入手，作一些补充论述。

御器厂之名首见于正德《饶州府志》卷二"公署"条："本府鄱阳县御器厂，即旧少监厅，在月波门外，宣德间创。每岁贡瓷器，太监驻此检封以进。"[9]正德《饶州府志》编成于正德辛未年（正德六年，1511年），所记当时在饶州城内的公署情况肯定不会出现错误。据此可以肯定御器厂始建于宣德初年，其官衙在饶州府治所在的鄱阳县城内月波门外，该厂是每年进贡瓷器时太监检验所贡瓷器合格与否的场所。此时的御器厂只是一个管理机构，和景德镇从事具体生产事务的窑场完全不同。

作为管理机构的御器厂并不在景德镇，在景德镇从事生产的窑场是文献所说的"陶厂"，这个陶厂在明代早期的官府文献中也称为官窑[10]。洪武至永乐时期该窑场虽以生产"供用器皿"为主要任务，但由于其大量产品被用于外交或对外进行物物交换，所以仍属于传统的官窑，以永乐时期工部官员祁鸿至镇管理烧造事务[11]为界，前段属地方官窑，后段可称为中央官窑。从宣德即位建立御器厂、强调瓷器的御用性开始，专供御用成为该窑场的最大特点，该窑场也由此完成了由传统官窑向御窑的转变。

三 明代初年官府窑场的管理体制

据《明会典》卷一九四《工部》一四《窑冶·陶器》记载："洪武二十六年定，凡烧造供用器皿等物，须定夺样制，计算人工物料。如果数多，起取人匠赴京，置窑兴工。或数少，行移饶、处等府烧造。"表明在洪武二十六年以前并没有供用器皿的概念，二十六年始有此概念并颁布生产标准，明代宫廷用瓷开始按照新颁样制生产，这应是明代初年瓷器生产的重要界点；斯时进行瓷器生产的窑场并不固定，根据生产数量多少而定，当生产数量较少时则交由饶州府和处州府负责。会典所载虽为明代法制，但具体的情况并不是这么简单。

明初政府还在景德镇设局管理瓷器生产事务。正德《饶州府志》明确记载："景德镇，即陶器之所，肇于唐而备于宋，国朝设局以司之。"[12] 梁淼泰根据文献认为该局的全称是"御器局"[13]。景德镇御窑遗址也出土有"局用"、"局"铭记的白釉碗等实物资料，如此双重文献证据和实物铭记共同说明，明初政府仍设有管理瓷器生产的"局"，进而可证明初仍沿袭元代以浮梁磁局进行管理的旧制。

此时的瓷局，在性质上是专管瓷器生产还是以税收为主要责任呢？元代虽有浮梁磁局，但景德镇供应瓷器的生产仍然是归地方官管理，系"有命则供，否则止"，管理者是地方官员[14]。《江西大志》载："宋景德中始置镇，因名，置监镇一员。元更景德镇税课局监镇为提领。国朝洪武初，镇如旧，属饶州浮梁县。"从监镇到提领都是税务官。"洪武初，镇如旧"说明洪武时期景德镇的建置及职责仍如元代一样，是"税课而已"的税务官。

正德时期饶州每年商税门摊契税共计钞八万四千四百二十三贯七百二十文、钱一百五十五万八千四百四十二文，除"鄱阳属税课司征办"外"余县属税课局，或大使或县官领之"[15]。由于每岁进贡之瓷器受设在鄱阳的御器厂管理，故乡镇条所记景德镇产瓷器并设以司之，当属对整个瓷器生产而言，和进贡的御用瓷器无关，也可证明代的瓷局仍是税局，顶多是在受命时代管瓷器烧造而已。再考《大明会典》所记，可知景德镇虽在洪武二年已恢复官窑厂的生产，但仍处在传统的"有命则供，否则止"的状态下，既无真正的督陶官，也无专门服务于皇帝或宫廷的御窑厂。

至于"供用器皿"的生产和管理，从景德镇窑址出土材料看，板瓦上的铭记有"监造提举周成，下连都作头潘成、甲首吴昌秀，浇釉匠凡道名、风火方南，寿字三号、人匠王士名，监工浮梁县丞赵万初"[16]，内容涉及组织机构、任事官员及生产者的姓名、籍贯等，显示这些瓷质建材在当时是由浮梁县负责组织烧造的。以浮梁县丞直接参与管理瓷器生产事务的制度早在宋代已经存在，湖田窑址出土瓷器上有"迪功郎浮梁县丞臣张昂措置监造"的铭记。可证直到明初，景德镇地区与官府相关的瓷器生产制度仍是沿袭宋以来地方官府和官员负责管理的旧制，属于地方官府受命烧造的地方官窑时期。

到永乐时期情况已有了改变，工部官员祁鸿已被派到景德镇窑场视事，是中央派专员至景德镇管理烧造事务之始。祁鸿至景德镇视事具体时间虽不可考，但到永乐二十二年八月十五日仁宗皇帝发布的《即位诏》书中明确称"烧造磁器、采办黎木板，及造诸品、海味、果子等项悉皆停罢，其差去人员即便回京"[17]，仍有中央派去的官员管理烧造瓷器事务，说明中央派官员驻景德镇管理瓷器生产已属常态。

宣德皇帝继位后，为烧造御用瓷器和祭器，制度又发生一次变化。据《明宣宗实录》载："（洪熙元年）九月己酉，命行在工部、江西饶州府烧造奉先殿太宗皇帝几筵、仁宗皇帝几筵白磁祭器。""（宣德二年）十二月癸亥，内官张善伏诛。善往饶州监造磁器，贪酷虐下人不堪，所造御用器，多以分馈其同列，事闻，上命斩于都市，枭首以徇。"除由行在工部、江西饶州府两个传统机构负责外，还加派太监至饶州监造。

归纳明代初年景德镇官府窑厂的管理制度，可见其变化如下：洪武二年恢复官窑瓷器生产时，完全沿袭两宋以来命地方官管理的旧法，由地方官负责；永乐时期工部派官至景德镇开始介入管理烧造事务；从宣德时期初建御窑厂开始，饶州府、工部和内官同时管理。由于在宣德皇帝即位以前，有饶州府与浮梁县地方官管理的传统：承接明廷下达烧造任务的是饶州府，具体执行烧造任务的是浮梁县丞，所以太监张善到饶州监造御用瓷器时，也沿袭旧习将官衙设在饶州府治所在的鄱阳县城内。

四 御器厂迁景德镇及与生产窑场合一

关于御窑厂衙署所在地的记述，文献并不统一。正德《饶州府志》卷二"公署"条载："本府鄱阳县御器厂，即旧少监厅，在月波门外，宣德间创。"记厂在饶州府治所在地鄱阳县月波门外。嘉靖《江西大志》所说"正德初置御器厂专管御器，先是兵兴议寝陶息民，至是复置"[18]，视御器厂在景德镇。《明史》卷四三《地理志·四》"浮梁县"条称"(县)西南有景德镇，宣德初，置御器厂于此"[19]。三书对同一事的记载不同，或有原因。如前所说，记当时当地的官署建筑，当以正德《饶州府志》所记为是；《江西大志》所载厂在景德镇，应是重建后治所迁移的结果；《明史》不加考订、把两条文献混杂，所记不确。

笔者以往没能注意到正德《饶州府志》的记载，所以对嘉靖《江西大志》所记颇存疑问，且长久不能释怀。现据正德《饶州府志》对比可知，直到正德六年 (1511 年)，御器厂还在饶州所在的鄱阳县城内，其任务也是每岁进贡瓷器时，太监在此地完成检验的程序。正如《江西大志》所载，设在景德镇的御器厂是正德初复置的结果。据正德《饶州府志》，在景德镇置御器厂必在正德六年以后。又据"先是兵兴议寝陶息民，至是复置"分析，正德时期虽然因蒙古族入侵和藩王反叛造成的兵事不断，但大规模的用兵当属正德六年六月至九年二月镇压农民起义、当时河北、山西、山东、江西、河南、湖北、四川等省都爆发了大规模的农民起义，正德七年正月义军前锋抵近京师，京师为之禁严[20]，所谓的"兵兴寝陶息民"极有可能和农民战争有关，是当时的赈灾惠民政策之一。如此，在景德镇复置御器厂的时间也就有可能在正德八年十月平定江西义军或在九年二月最后讨平四川义军以后。虽然御器厂复置于景德镇的具体时间仍有待进一步考证，但从《江西大志》可知其下限不会晚到嘉靖时期。

正德六年以后因农民战争而寝陶息民，旧设在鄱阳县城内的御器厂被废弃；后来在景德镇复置御器厂，不只是御器厂的治所发生了变化，更重要的是御器厂迁到景德镇，标志着作为管理机构的御器厂和作为生产机构的陶厂或官窑从此合二为一并以御器厂为名，由此开启御用瓷器生产管理制度的一个新时代。

结　语

景德镇御窑遗址的考古资料表明，在洪武至永乐时期该窑场虽已开始为宫廷烧造瓷器，但从窑炉分布和器物铭款看和宣德以后的制度存在极大的不同，只强调官物性质和使用机构是该时期的最大特征，对落造品的处理方法表明此时已禁止这类落选品外流；根据管厂官员的来源和产品的流向看，此时的窑场可以永乐时期工部官员至厂进行管理体制为界分称为地方官窑和中央官窑两期。宣德皇帝即位后，设立御器厂并派太监至饶州监造御用瓷器，因为强调瓷器的御用性和对产品的垄断，窑场也因而具有了专烧专供的御窑性质；落选品被集中处理，前一个时期表示官物性质和使用机构的铭记已不再存在，这从另一个方面说明御用性的进一步被强化。

衙署在鄱阳县的御窑厂只是行政性的概念和管理机构，和在景德镇具体从事御用瓷器生产的窑场并不等同。正德六年以后，设在鄱阳县的御器厂因兵兴而息，复建时御器厂的治所已迁到景德镇，景德镇始有御器厂的建置，景德镇原来从事供用器皿、御用瓷器生产的官府窑场与作为管理机构的御器厂合二为一，统称为御器厂。合一后的御器厂也因而具有宏观管理和负责具体生产事务的双重特性。

注　释

1　熊寰：《明初陶厂考》，《考古与文物》2009 年第 2 期。在该文中作者根据记载明确区分生产机构为陶厂。

2　刘新园：《明洪武年间朝廷用瓷与御器厂的设置年代》，《三上次男博士寿喜纪念文集·陶磁篇》，东京平凡社，1985 年；《景德镇瓷窑遗址的调查与中国陶瓷史上的几个问题》，《景德镇出土陶瓷》第 27 ～ 29 页，香港大学冯平山博物馆，1992 年；《景德镇出土的明初与永乐官窑瓷器之研究》，《鸿禧文物》创刊号，1996 年；北京大学考古文博学院等：《江西景德镇明清御窑遗址发掘简报》，《文物》2007 年第 5 期；权奎山先生在《2002 ～ 2004 年景德镇出土明代御窑瓷器概说》（《景德镇出土明代御窑瓷器》，文物出版社，2009 年）一文中也引用刘新园先生的说法。

3 除洪武二年说外，持洪武三十五年说的学者有，傅振伦：《明朝洪武未设官窑说》，《文史》1980 年，总第 8 辑；冯先铭：《中国陶瓷史》，文物出版社，1985 年；马希桂等：《景德镇御器厂创烧年代初探》，《景德镇陶瓷》第三卷第一、二期（总第 59、60 期），第 68 ~ 70、74 页。宣德初年说的学者有，佐重间久男：《明代の陶磁と歴史の背景》，收入《世界陶磁全集》第 14 卷，第 142 页，昭和五十一年(1971 年)，东京小学馆；王光尧：《明代御器厂的建立》，《故宫博物院院刊》2001 年第 2 期。

4 权奎山：《江西景德镇御器(窑)厂落选御用瓷器处理的考察》，《文物》2005 年第 5 期；王光尧：《明代宫廷陶瓷史》第 142 ~ 148 页，紫禁城出版社，2010 年。

5 （清）蓝浦：《景德镇陶录》卷一《图说》："明洪武二年就镇之珠山设御窑厂，置官监督，烧造解京。"卷五《景德镇历代窑考》："洪武二年设厂于镇之珠山麓，制陶供上方称官瓷以别民窑。"

6 据曹建文、江小民、徐华烽等先生见告，近年来景德镇落马桥遗址被严重盗掘，出土有大量的洪武早期的官样瓷器。

7 沈岳明：《中国青瓷史上的最后一个亮点——大窑枫洞岩明代龙泉窑址考古新发现》，《紫禁城》总 148 期。

8 王光尧：《明代宫廷陶瓷史》第 115 ~ 121 页，紫禁城出版社，2010 年。

9 （明）陈策：《饶州府志》卷二"公署"条，正德辛未年（正德六年，1511 年）刻本，《天一阁藏明代方志选刊续编》（四四）第 151 页，上海书店。

10 洪熙元年正月十五日《郊恩诏》载："广东珠池及各处官封金银场，并江西饶州烧造磁器官窑仍前禁止外，其各处山场、园林、湖池、坑冶及果木、蜂蜜等件，原系民籍、曾经官府采取，今有人看守及禁约者，诏书到日，听民采取，不许禁约。如有原看守之人，各回职向役。"见刘海年、杨一凡主编：《中国珍稀法律典籍集成》乙编第三册《明诏令》第 199 页，科学出版社，1994 年。

11 （清）《浮梁县志》卷二《建置志》载："永乐间，部使祁鸿莅事至厂。"

12 （明）陈策：《饶州府志》，卷二"乡镇"条，正德辛未年(正德六年，1511 年)刻本，《天一阁藏明代方志选刊续编》(四四)第 50、51 页，上海书店，1990 年。

13 梁森泰：《明清景德镇城市经济研究》第 13 页，《青峰文集》，江西人民出版社，1991 年。

14 乾隆《浮梁县志》卷五《物产志》记载"宋景德中始置镇，因名。置监官一员，以奉御董造。元更景德镇税课局监镇为提领，泰定本路总管监陶……明洪武初，镇如旧，属饶州浮梁县"；《景德镇陶录》卷五载"元改宋监镇官为提领，至泰定以后又以本路总管监陶，皆有命则供、否则止，税课而已"；《陶说》卷三载"镇设自宋景德中，因名。置监镇奉御董造……元更监镇为提领，本路总管监陶"。

15 （明）陈策：《饶州府志》，卷一"税课"条，正德辛未年（正德六年，1511 年）刻本，《天一阁藏明代方志选刊续编》（四四），第 122、121 页，上海书店，1990 年。

16 炎黄艺术馆编：《景德镇出土元明官窑瓷器》第 38 图及注，文物出版社，1999 年。

17 《皇明诏令》卷七《仁宗昭皇帝》永乐二十二年八月十五日《即位诏》，《续修四库全书（457）》第 155 页。

18 （明）王宗沐：《江西大志》卷七《陶书》"建制"条。此说为后来之陆万垓《江西大志》等诸书所引，影响颇大。

19 《明史》卷四三《地理志·四》"浮梁县"，中华书局，1974 年。

20 《明史》卷一六《武宗纪》，中华书局，1974 年。

（此文原载《永宣时代及其影响——两岸故宫第二届学术研讨会论文集》，故宫出版社，2012 年）

The Discussion on Establishment of Imperial Workshop
—the Archaeological Periodization of Imperial Kiln of Ming Dynasty

Wang Guangyao

Abstract

Studies on the Imperial Workshop had been focused on historical documents for a long time, while attention did not become diverted to unearthed relics from the site of the Imperial kiln until the 1980's. However, since the Imperial Workshop recorded in historical documents and the kiln for production in Jingdezhen were regarded as exactly the same in past researches, there have been mistakes in conclusions on the time of establishment of the Imperial Workshop. Based on relevant records in the *Chorography of Raozhou Prefecture* of Zhengde period and the *Code of Ming Dynasty* of Wanli period, the author holds the view that the kiln for production in Jingdezhen was different from the Imperial Workshop which was an administrative institution established by the local government in Poyang County, the seat of the prefectural government of Raozhou. After comparison with archeological findings in the site of the Imperial Kiln in Jingdezhen, it is concluded that the time the official kiln in Jingdezhen started production in Ming dynasty was no later than the fourth year of Hongwu period (1371), while the Imperial Workshop as an administrative institution was set up after the Xuande Emperor ascending the throne in the first year of Hongxi (1425). It was after the sixth year of Zhengde (1511) that the Imperial Workshop was relocated from Raozhou to Jingdezhen and merged with the kiln.

Key Words

imperial workshop, Jingdezhen, imperial kiln, Raozhou

后记

　　"明代御窑瓷器：景德镇御窑遗址出土与故宫博物院藏传世洪武永乐宣德瓷器对比展"是故宫博物院与景德镇市人民政府首次联合举办的展览，和接下来将要举办的"明代御窑瓷器：景德镇御窑遗址出土与故宫博物院藏传世成化瓷器对比展"、"明代御窑瓷器：景德镇御窑遗址出土与故宫博物院藏传世弘治正德瓷器对比展"、"明代御窑瓷器：景德镇御窑遗址出土与故宫博物院藏传世嘉靖万历瓷器对比展"共同组成系列。这些展览是故宫博物院与景德镇市人民政府战略合作框架协议的内容之一，目的是通过御窑遗址出土的瓷器和传世瓷器的对比，全面反映明代御窑瓷器的面貌及御窑的历史，进而揭示御窑和景德镇瓷器所反映的优秀文化内涵。

　　景德镇御窑是明清两代专门为皇帝生产御用瓷器的基地，紫禁城是这些御用瓷器的唯一合法使用地。这次展览，是这些明代御用瓷器时隔五百年后从生产始端到使用终端的首次聚首。

　　根据记载，当时生产的合格品被源源不断地送进紫禁城，而在严格挑选标准下的落选品和残次品均被集中销毁，或被挖坑掩埋，或被成堆倒在墙角、小坑处，或打碎后随窑业垃圾倒掉，处理方式的不同，代表着御窑管理制度的变化，这是通过传世器物无法获得的历史信息。经考古发掘，御窑遗址出土的这些瓷器多可以与传世瓷器进行器形、纹样的对比。当然也有见于传世品而出土品中未见者，相反的例证也同样存在。御窑遗址出土当时研发的新品种以及试烧之未成功者，更能反映国家的投入对景德镇瓷器生产技术提高的作用。同时，不同形态的明代窑炉群，除可以提示当年的生产规模外，还通过窑炉形态的变化、分布区域的不同，从另一个方面反映着御窑的变迁及发展历史。带纪年或题记的一些标本则为研究御窑的设立时间提供了证据，大量窑具更是为研究明代御窑的生产工艺提供了实物资料。

　　2002年在御窑遗址考古发掘工地，每天面对出土的、大量未见于传世的精美瓷器，我们设想最好能把御窑遗址出土的瓷器与故宫博物院收藏的传世瓷器进行对比展览、出版，当时甚至想展览出版时要包括南京故宫遗址出土的标本和台北故宫博物院收藏的瓷器，此次借故宫博物院与景德镇市人民政府战略合作的时机展览得以举办，虽未能包括台北故宫博物院的藏品，但已基本可以让观者从中领略御窑瓷器之美与当时生产的器物种类之繁盛，让学界得以从对比展览之中获取更多的信息并推进相关领域的研究。

　　从明代文献中开始，对明代御窑瓷器的记载已经很多，甚至有档案性质的记述，不过随着历史的发展与学术的进步，对器物及纹样的定名已有不少改变，如明代文献记载的"回回花纹"，在故宫博物院的文物档案和编目中称为轮花或宝相花，而在西方学术界则称为阿拉伯式花纹或阿拉伯式图案，无论是明人记载还是西方学界的定名均在强调其构图、布局特有的文化属性，故我们在书中也采用阿拉伯式花纹一名；另有在故宫博物院现有文物定名中碗、盘一类已经不再使用大碗、大盘的名称，但在元及明代，大口径的碗、盘主要是用作礼祭器，即礼书记载的簠簋、笾豆，为体现这类器物与日用器物不同的性质，本书仍命名这类器物为大碗、大盘；同时不同的研究者或不同的学术机构在器物定名上也多有不同，经协商本书对两个单位参展的器物在名称上努力做到统一。

　　本书出版得到故宫博物院、故宫出版社和景德镇市人民政府、景德镇市文物局的大力支持，故宫博物院耿宝昌先生和王亚民常务副院长亲赴景德镇挑选展品并确定拍照事宜，特此感谢！

编者

2015 年 5 月

图书在版编目（CIP）数据

明代宣德御窑瓷器 ： 景德镇御窑遗址出土与故宫博物
院藏传世瓷器对比 / 故宫博物院，景德镇市陶瓷考古研究
所编. — 北京 ： 故宫出版社，2015.5（2023.3重印）
ISBN 978-7-5134-0748-9

Ⅰ. ①明… Ⅱ. ①故… ②景… Ⅲ. ①官窑－瓷器
（考古）－景德镇市－明代－图录 Ⅳ. ①K876.32

中国版本图书馆CIP数据核字(2015)第103125号

明代宣德御窑瓷器
景德镇御窑遗址出土与故宫博物院藏传世瓷器对比
故宫博物院　景德镇市陶瓷考古研究所　编

出 版 人：章宏伟
责任编辑：万　钧　方　妍
装帧设计：李　猛
责任印制：常晓辉　顾从辉
出版发行：故宫出版社
　　　　　地址：北京市东城区景山前街4号　邮编：100009
　　　　　电话：010-85007808　010-85007816　传真：010-65129479
　　　　　网址：www.culturefc.cn　邮箱：ggcb@culturefc.cn
印　　刷：北京雅昌艺术印刷有限公司
开　　本：889毫米×1194毫米　1/12
印　　张：30
版　　次：2015年5月第1版
　　　　　2023年3月第3次印刷
印　　数：4601～6600册
书　　号：ISBN 978-7-5134-0748-9
定　　价：460.00元